C#で入門
はじめてのプログラミング

基礎からオブジェクト指向まで

飯塚 泰樹・大森 康朝・松本 哲志・木村 功・大西 建輔 共著

森北出版株式会社

はじめに

　C#は使っていて楽しいプログラミング言語です．ゲーム機のプログラムからサーバ用プログラムまで，あらゆるプログラムを簡単に作れそうな気にさせてくれるし，実際それができる万能な言語です．

　本書はプログラミングをはじめて学ぶ人のための教科書ですが，ファースト言語として，このC#言語を使います．本書は学校の授業でも使いやすいように工夫されていて，次のような特徴があります．

1. いきなり難しい言葉を使わないよう，新しい言葉には必ず説明をつけています．索引も充実させていますので，忘れてしまった言葉を調べることもできます．初心者を惑わす呪 文は，必要になってから説明をしています．

2. 多くのプログラム例を載せています．初心者がプログラミングに慣れるためには，たくさんのプログラム例に接することが必要だからです．

3. 発展的内容には ◆ 印がついています．これは時間が足りない場合は飛ばして，後から読み直してもよい部分です．Note も少し詳しい説明なので，難しいと思ったら読み飛ばしてもかまいません．

4. 各章末には練習問題をつけています．多くの練習問題は，テキストのプログラム例を参考にして，あるいはヒントを参考にして，プログラムを作ることができるはずです．

5. 付録には単元にとらわれない課題が載っています．いろいろな工夫をしながらこれらの課題に挑戦することで，プログラミングを楽しんでもらいたいと思います．

本書にはその他にも様々な工夫が埋め込まれています．たとえば，変数の名前にはなるべく日本語のローマ字表記を使うことで，初心者でも，命令の名前と区別できるようにしています．ぜひ，本書で，C#を通して，プログラミングを学んでください．

　本書の執筆にあたり，多大なご協力を頂きました東海大学情報数理学科のみなさま，本書を出版する機会を与えてくださいました森北出版のみなさま，そして丁寧な推敲をしてくださるとともに数えきれないほどの大変有益な提案を頂きました森北出版の加藤義之様に御礼を述べさせていただきます．本当にありがとうございました．

2021 年 6 月 　　　　　　　　　　　　　　　　　　　　　　　　　　　　　　　　飯塚　泰樹

目　次

01 | プログラミングの第1歩

　コンピュータは，人類がその歴史の中で作り出した最も複雑な機械です．いまや社会のありとあらゆる場所で，コンピュータが使われています．しかし，コンピュータは命令が与えられないとまったく動きません．コンピュータに何か仕事をしてもらうためには，命令の羅列であるプログラムを作る必要があります．プログラムを作ることをプログラミングとよびます．

1.1 | プログラミング

　プログラムで伝える命令は，コンピュータが解釈できる文法をもつプログラミング言語で書く必要があります．ここで使う文法を学ぶことが，プログラミングを習得することに値します．プログラミング言語にはいろいろな種類がありますが，本書で使うのはC#（シーシャープ）というプログラミング言語です．

　本書のプログラム例はすべて，自分でコンピュータに打ち込み，その動作を確認してみましょう．ただし，◆のついている部分は，発展的内容を含んでいるため，時間が足りない場合は飛ばしてもかまいません．まずは基礎的内容の理解に重点を置いて進めてください．また，本書には練習のための課題が載せてあります．プログラム例を理解したら，課題に挑戦してみましょう．

1.2 | C#のプログラムの形

　C#のプログラムは図1.1のような形をしています．using（ユージング），namespace（ネームスペース），class（クラス），static（スタティック），void（ボイド），Main（メイン）と何やら最初から正体不明の英語みたいなものが並んでいますが，ほとんど

```
using System;

namespace 名前空間名
{
    class クラス名
    {
        static void Main(string[] args)
        {
            Console.WriteLine("Hello, World!");
        }
    }
}
```

｝ほとんどおまじない

｝ここにプログラムを書く

図 1.1　プログラムの形

はおまじないです．プログラムには「おまじない」がつきものなのですが，いまはおま
じないのところは「そんなものか」と無視しておいてください．やがてその意味がわか
る日がきます．まだプログラミングを習いはじめたばかりのいまは，おまじないはあま
り触らないでおきましょう．

　いま覚えてもらいたいのは，中ほどの「ここにプログラムを書く」という部分にプログ
ラムを書くということだけです．「ここにプログラムを書く」部分には，プログラミ
ング言語の「文」を書きます．文は，1.3 節に挙げるような，記憶，演算，制御（実行順
番の変更指示）などの命令を伝えるもので，最後にセミコロン ; をつけます．

Note　カッコ

　プログラムの中では，さかんにカッコが使われます．カッコは [ ] も ( ) も { } も使われます．それ
ぞれ別の意味があるので，勝手に { を (に変更したりしてはいけません．また，対応する左と右のカッ
コは同じ種類にしなければいけません．

1.3 ｜ プログラムの要素

　コンピュータには，どのような命令ができるのでしょうか？　どんなに複雑なプログラ
ムも，実は基本的な命令の組み合わせでできています．このプログラムの基本要素を
簡単に分類すると，次の五つになるといわれています．

1.　出力

コンピュータ内部のデータを表示させたり，ほかのデバイスに移すことを出力
といいます．まず最初に第 2 章で学ぶのが出力です．本書では，出力には主に
`WriteLine()` という命令を使いますが，C# では `WriteLine()` のようなまとまっ
た処理を指示する命令のことをメソッドとよびます．

2.　入力

コンピュータにデータを読み込ませることを入力といいます．入力は第 3 章で学び
ます．

3.　記憶

データをコンピュータに覚えさせることが記憶です．記憶は，変数というものを用
意して，変数 = 式; という形の代入式を使います．

4.　演算

演算とは，加減乗除のほか，各種の数値計算，文字列の操作，データの検索，デー
タの並べ替えのことをいいます．このうち，加減乗除には +, -, *, / などの記号
が使われますが，このような記号を，C# では演算子とよびます．一方，それより
複雑な計算には，`Math.Sin( num )` のような命令，すなわちメソッドを使うこと
もありますし，演算子やメソッド，その他の制御を組み合わせて演算を行うことも
あります．

5. **制御**

コンピュータは通常，プログラムに書かれた文を上から下へ順番に実行しますが，条件判断によって枝分かれしたり，繰り返したりします．このような枝分かれや繰り返しを実現するために，C#には構文が用意されています．第4章以降に学ぶことにしましょう．

では，次のプログラム例を一つ打ち込んで，動作を確認してみましょう．

| 例 1.1 | はじめてのプログラミング |

```
1   using System;
2
3   namespace Reidai0101
4   {
5       class Program
6       {
7           static void Main(string[] args)
8           {
9               // ここにプログラムを書く
10              Console.WriteLine("こんにちは 私の名前はxxxxです");
11              Console.ReadLine();
12          }
13      }
14  }
```

xxxx の部分は自分の名前に変えてくださいね．書けたら実行してみましょう．「こんにちは 私の名前は xxxx です」という文章が表示されたと思います．あなたが書いたC#プログラム第1号が動いたわけです．

プログラムの中にスラッシュ記号二つ // が現れたら，その記号から行の最後まではコメントです．コメントとは，プログラムの実行には影響を与えないメモや説明のことです．本書では，プログラムの解説のためにコメントを書き加えてあります．コメントは必ずしも書く必要はありませんが，後からプログラムを見直したときの理解の助けになるため，みなさんも自分のプログラムには，自分の言葉でコメントを書く習慣をつけておきましょう．コメントには何を書いてもかまいません．

Note **Hello World**

プログラミング言語を学び始めたとき，最初に書くプログラムは，どのプログラミング言語でも万国共通で，画面に「Hello World」と表示させるものです．しかし，ここは日本なので，日本語の文章を表示させることにしました．

1.4 バ グ

プログラムの間違いのことをバグとよびます．コンピュータは，1文字の間違いも許してはくれない，アタマノカタイ奴なのです．WriteLine を WriteLIne と打ち込んでしまったり，「;」のところに「:」と書いてしまったりしたものはすべてバグとなり，コンピュータはこれを解釈できず，プログラムは正常に動かなくなります．プログラムが

うまく動かなかったら，次のことに注意してみましょう．

1. プログラムは1文字1文字，声に出して読んで確認しましょう．
   1（数字のいち）と l（小文字のエル），I（大文字のアイ）や，0（数字のゼロ）と O（大文字のオー），o（小文字のオー）のように区別のつきにくいものもあります．

2. エラーメッセージをよく読みましょう．エラーが発生した場合，コンピュータは何がいけなかったのかメッセージとして表示しているはずです．メッセージが英語だったとしても，自動翻訳を使ってもよいので読んでみましょう．

3. プログラムの意味をもう一度よく考えてみましょう．

プログラムを作るとき，どんな達人でもバグを生んでしまいます．そのため，バグに対処するスキルが，プログラミング能力の一つということもできます．バグを直すことをデバッグとよびます．ぜひバグをいっぱい作って，それを一つひとつ解決することで経験値を高め，デバッグ能力，すなわちプログラミング能力を高めてください．

1.5 ｜ 流れ図

本書では，プログラムの流れを説明するために，流れ図（フローチャート）を使います．流れ図とは，プログラムの作業手順を図で表したものです．プログラムの動作を理解するのに役立ちます．本書で使う流れ図の基本は順次実行と条件判断の二つだけで，この二つを使うことで，3番目の要素である繰り返しも表現しています．

1. 順次実行
   流れ図は，図1.2に示すように，命令を四角で表したものが基本です．その四角を上から下に線で結ぶことで，上の命令から下の命令へ順番に実行されることを示しています．流れ図の最初と最後には，両端が半円の記号を用います．省略してもわかる場合は，矢印記号のない棒線を使うこともあります．図1.2は命令1，命令2，命令3が順番に実行されるということを表しています．

2. 条件判断
   プログラム実行中に，コンピュータが何らかの条件の判断をして，その判断により実行する命令を選択する場合，菱形で表します．図1.3に示すように，菱形の中に条件を書き，菱形から出る線には，判断の内容を書いておきます．菱形には必ず上から入り，横や下へ出るようにします．図1.3は，命令1を実行した後，条件を調べ，条件がyesなら命令4を実行して終了，条件がnoなら命令5を実行して終了という意味です．

3. 繰り返し
   コンピュータでは同じ処理を何度も実行する場合があります．これを繰り返しといいます．繰り返しは，図1.4のように上に戻る矢印を使って，元に戻るという流れで表現します．ただし，元に戻るだけではいつまでたっても処理が終わらないので，条件判断を使って，どのような場合に繰り返しを行い，どのような場合に繰り

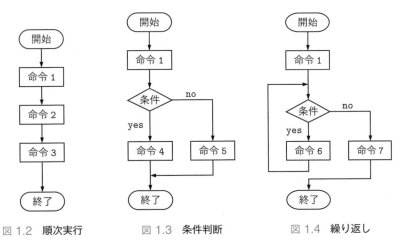

図 1.2　順次実行　　　　図 1.3　条件判断　　　　図 1.4　繰り返し

返しを終了するかを明示する必要があります．

1.6 ｜ 本書で使用する C#のバージョン

　本書のプログラムは，C#言語のバージョンに依存する機能は使っていませんので，多くの環境で動作するものと思われます．プログラムは VisualStudio 2017 (C#7.0, .NET Framewrok 4.7) と VisualStudio 2019 (C#9.0, .NET 5.0) で動作を確認しています．

　本書の用語はマイクロソフト社のドキュメント†と，日本産業規格 JIS X 3015「プログラミング言語 C#」に準拠していますが，初心者にわかりやすいように一部アレンジしています．

---

† https://docs.microsoft.com/ja-jp/ 2020 年 11 月参照

02 | Write と WriteLine
画面に文字を表示する

コンピュータの中で複雑な計算をしたとしても，それを表示する手段を知らなければ，人はその結果を見ることができません．そのため，どのようなプログラミング言語を習うときでも，最初に文字や数字の表示方法を学びます．プログラミングの勉強は，ここから本当のスタートです．

2.1 | Write / WriteLine の使い方

コンピュータでは，文字を画面に表示させることを出力とよびます．画面に出力を行いたい場合は Write()（ライト）メソッド，あるいは WriteLine()（ライトライン）メソッドを使います[†]．Write() や WriteLine() は「Console（コンソール）」「.（ドット）」と書いた後に書きます．したがって，Console.Write()（コンソール ドット ライト）とか Console.WriteLine()（コンソール ドット ライトライン）という形になります．C#では大文字小文字は区別されるので，Write() を write() と書かないように注意しましょう．

Point 出　力

```
Console.Write(データ);
Console.WriteLine(データ);
```

Write() メソッド，WriteLine() メソッドの基本的な使い方を見てみましょう．

```
Console.WriteLine(123);              // ここで改行される
Console.Write("はじめての");          // 改行されない
Console.WriteLine("プログラミング");   // 改行される
Console.WriteLine();                 // 何も出力せずに改行だけ
```

Write() も WriteLine() も，後のカッコの中のデータを画面に出力します．二つの違いは，WriteLine() は出力した後に「改行する」のですが，Write() は「改行しない」ことです．つまり，Write() を2行書いても，出力は1行にくっついてしまうのです．第3章や第5章では，これらを使い分けます．

数字ではなく文章を画面に出力したい場合は，ダブルクォート " で囲む必要があります．ここで文章といったものは，コンピュータでは文字の列という意味で文字列とよんでいます．以降では文字列とよびます．

[†] 本書ではメソッド名には，後ろにカッコをつけて表記します．

Point	文字列

文字列はダブルクォートで囲まれたもの

例　"abc"　"こんにちは"

■ Write / WriteLine のプログラム例

では，Write()，WriteLine() を使ったプログラム例を見てみましょう．

例 2.1	文字列の出力

```
 1  using System;
 2
 3  namespace Reidai0201
 4  {
 5      class Program
 6      {
 7          static void Main(string[] args)
 8          {
 9              Console.WriteLine("ようこそ");                  // WriteLineを使用
10              Console.WriteLine("たのしい");
11              Console.WriteLine("プログラミングの世界へ");
12
13              Console.Write("ようこそ");                      // Writeを使用
14              Console.Write("たのしい");
15              Console.WriteLine("プログラミングの世界へ");      // WriteLineを使用
16
17              Console.ReadLine();                          // この行はおまじない
18          }
19      }
20  }
```

実行結果

```
ようこそ
たのしい
プログラミングの世界へ
ようこそたのしいプログラミングの世界へ
```

　プログラム前半の出力結果と，後半の出力結果の違いに注意してください．後半の出力は改行されていませんね．このプログラムは Enter キーを押すと終了します．

Note	プログラムの音読

　プログラムを音読できるようになると，プログラム例を読んだり，プログラムを打ち込んだりする速度が上がり，プログラミングが上達します．プログラムを音読できるように，記号の基本的な読み方も覚えておきましょう．読み方は自分の覚えやすいものを選んでください．

記号	読み方
.	ドット，ピリオド，テン，ポチなどと読みます．
,	コンマ，あるいはカンマと読みます．
:	コロンです．
;	セミコロンです．コロンと間違わないように注意しましょう．
-	マイナス，あるいはハイフンと読みます．
'	クォート，シングルクォート，シングルクォーテーションなどと読みます．
"	ダブルクォート，ダブルクォーテーションなどと読みます．
(	カッコです．
)	閉じカッコとかカッコ閉じ，あるいは単にカッコと読みますが，カッコの逆なのでコッカと読む人もいます．

2.2　数値の計算と出力

　コンピュータは数値の計算が得意です．ここでは，数値を計算し，その結果を出力する方法について学びましょう．次のプログラムを打ち込んで動作を確認してみてください．数式部分をいろいろ変えてみましょう．

例 2.2　数値の出力

```
 1  using System;
 2
 3  namespace Reidai0202
 4  {
 5      class Program
 6      {
 7          static void Main(string[] args)
 8          {
 9              Console.Write("計算結果> ");
10              Console.WriteLine(2 + 8 * 2);   // ここの数式を変えてみましょう
11
12              Console.ReadLine();             // この行はおまじない
13          }
14      }
15  }
```

　数値の計算には次のような演算子が使えます．演算を組み合わせた場合，計算は掛け算・割り算が，足し算・引き算より先に計算されます．割り算については，この後の説明をよく読んでください．

計算	記号	例，注意
足し算	+	例：2 + 3
引き算	-	例：2 - 3
掛け算	*	例：2 * 3
割り算	/	整数と整数の割り算は，整数の答になります．下記参照．例：8 / 2
余り	%	割り算をした余り（剰余）を計算します．例：8 % 3 は 2
カッコ	( )	計算の順番を指定するときに使います．例：4 * (1 + 3)

コンピュータでは，整数と実数（小数点以下があるような数）が扱えます†．この二つは区別されています．たとえば，3 は整数ですが，3.14 は実数です．また，3.0 も，小数点以下が 0 の実数として扱われます．注意したいのは割り算です．C#では，整数と整数の割り算は，割り切れなくても結果は整数になります．実数が入ってくると，答は実数になります．これを整理すると，次のような場合があります．

1. 整数 / 整数

   16 / 2 は 8 です．16 / 3 は 5 です．まだ小数を学んでいなかった小学生のときの割り算を思い出してください．「16 割る 3 は 5 余り 1」でした．この計算の，余りを無視したときの結果と同じになるのです．

2. 整数 % 整数

   整数の割り算をしたときの余りを求めます．剰余といいます．「16 割る 3 は 5 余り 1」の，「余り 1」の部分を計算して求めるための記号が % です．

3. 実数 / 実数

   答は小数点以下まで計算しますが，循環小数は途中で打ち切られます．16 / 3 を実数として計算したい場合，16.0 / 3.0 などと書いてみましょう．16.0 も 3.0 も実数になるので，答は 5.333333333333333 のようになります．

4. 実数 / 整数　または　整数 / 実数

   整数と実数が混ざった場合，実数に合わせて計算されます．16.0 / 3 とか 16 / 3.0 はともに 16.0 / 3.0 と同じ結果になります．

5. 実数 % 実数

   これは，実数 / 実数の答が整数になるように計算したときの余りです．どのような答が出てくるのか，自分で確認してみましょう．たとえば，16.0 % 3.1 を計算すると，0.5 になります．

例 2.2 のプログラムで，次の数式を試してください．

```
Console.WriteLine(2 + 8 / 2);        // 計算の順番はどうなるでしょうか
Console.WriteLine(1 + 8 * 2);
Console.WriteLine((1 + 8) * 2);
Console.WriteLine(8 / 2);
Console.WriteLine(8 / 3);
Console.WriteLine(8 / 3.0);
Console.WriteLine(8.1 / 3);
Console.WriteLine(8.1 / 3.2);
Console.WriteLine(8 * 3.0);
Console.WriteLine(8 / 3 + 1.1);      // 答を予想してみましょう
Console.WriteLine(8 / 3.0 + 1.1);    // 一つ上と何が違うのでしょうか
```

最後の二つの計算式は，何が起こったか違いはわかりましたか？　ここまでの計算は，a + b とか a / b というように二つの項の計算を扱いましたね．二つの項が整数と整数なら，整数の計算ルールが使われます．二つの項のどちらかが実数なら，実数の計算ルールが使われます．だから，8 / 3 + 1.1 は，8 / 3 までは整数で計算が行わ

---

† 分数は直接扱うことはできませんが，工夫をすれば計算できます．

れ，その後，実数の計算が行われます．一方，8 / 3.0 + 1.1 は，8 / 3.0 の段階で実数の計算が行われます．このようにコンピュータの中では，実数の計算が必要な場合，整数も実数に合わせて（実数に変換されて）計算されます．

| Note | 演算の優先順位 |

　C#では足し算・引き算よりも，掛け算・割り算のほうが先に計算されます．これは算数や数学のルールと同じです．計算の優先順位の詳細は 134 ページを見てください．

2.3 | 文字列の連結

　数字を計算して WriteLine() してきましたので，次は文字列を足し算して WriteLine() する例を見てみましょう．次のプログラムを実行させて動作を確認してみましょう．

| 例 2.3 | 文字列の連結 |

```
1   using System;
2
3   namespace Reidai0203
4   {
5       class Program
6       {
7           static void Main(string[] args)
8           {
9               Console.WriteLine("たのしい" + "プログラミング");  // 文字列の連結
10              Console.Write("答は");              // Writeを使って1行にする場合
11              Console.WriteLine(42);
12              Console.WriteLine("答は" + 42);    // 文字列と数字の連結
13
14              Console.ReadLine();                // この行はおまじない
15          }
16      }
17  }
```

　まず，「たのしいプログラミング」と，文字列と文字列がつながって表示されたと思います．C#では，文字列と文字列は足し算記号を使って「連結」できるのです．

　　例： "たのしい" + "プログラミング" → "たのしいプログラミング"

　次に，同じ行が二つ表示されましたね．2 行目は"答は" + 42 というデータを表示させています．ここに注目です．つまり，文字列と数字を足し算しています．この場合，数字は文字列に「変換」されて，それから文字列に連結されます．

　　例： "答は" + 42 → "答は42"

　数字と数字の足し算を先に計算した場合と，数字を文字列に変換してから足し算を計算した場合では，違った結果になるので注意してください．次の例 (1) は，左から計算が行われますから，"結果は" + 1 が計算されて "結果は1"という文字列が作られ，さ

らに 1 が連結されるので，"結果は 11" という形になります．例 (2) は，先に数字と数字の (1+1) が計算されて数字の 2 が作られ，これが文字列と連結されるので，"結果は 2" になるのです．

例 (1)： "結果は" + 1 + 1　　→ "結果は11"
例 (2)： "結果は" + (1 + 1) → "結果は2"

2.4 | 文 字

　　文字列は文字がつながってできたものです．その文字一つひとつも，データとして扱うことができます．文字はシングルクォート ' で囲みます．

Point	文 字
文字はシングルクォートで囲まれたもの 例　'a'　'あ'　'3'

　　それでは，文字の出力と連結を試してみましょう．

| 例2.4 | 文字の連結 |

```
1   using System;
2
3   namespace Reidai0204
4   {
5       class Program
6       {
7           static void Main(string[] args)
8           {
9               Console.WriteLine("a" + 'b');       // 文字列に文字を連結
10              Console.WriteLine("" + 'a' + 'b');  // 空文字列に文字を連結
11              Console.WriteLine('a' + 'b');       // これはまだ使わないでください．
12
13              Console.ReadLine();                 // この行はおまじない
14          }
15      }
16  }
```

実行結果

```
ab
ab
195
```

　　文字列に文字を連結すると文字列になります．空文字列 "" に文字を連結しても文字列になります．しかし文字と文字を + 記号で連結しようとしても，うまく連結してくれませんので，いまはまだ使わないでください†．

---

†　まだ覚える必要はありませんが，これは，コンピュータは文字を数字として処理しているためです．詳しい理由は 76 ページで説明します．

2.5 | 特別な文字

半角の¥記号は，ほかの文字と組み合わせて使います．たとえば，¥n や ¥' などで，それらはこれで1文字です．この¥を使った文字には，次のものがあります．

記号	意味	説明
¥n	改行	この文字が出力されると，そこで改行が発生します．
¥t	タブ	この文字が出力されると，その行の決められた位置†まで飛びます．
¥¥	¥	¥記号そのものです．
¥'	'	シングルクォートそのものです．
¥"	"	ダブルクォートそのものです．

次のプログラム例で，特殊な文字を出力したときの動作を確認してみましょう．

例 2.5 | 特殊な文字の出力

```
 1  using System;
 2
 3  namespace Reidai0205
 4  {
 5      class Program
 6      {
 7          static void Main(string[] args)
 8          {
 9              Console.WriteLine("これはダブルクォートです¥" ");
10              Console.WriteLine("これは円記号です¥¥");
11              Console.WriteLine("途中で改行¥nしてみました");
12              Console.WriteLine("0¥t1¥t2");
13
14              Console.ReadLine();              // この行はおまじない
15          }
16      }
17  }
```

実行結果

```
これはダブルクォートです"
これは円記号です¥
途中で改行
してみました      ← 改行されている
0    1    2      ← 0と1と2の間でタブ位置までスキップ
```

練習問題

2.1 出力が以下のようになるプログラムを作成しなさい． ▶ 例 2.1

実行例

```
氏名： （自分の名前）
住所： （自分の住所）
生年月日： ○○○○年××月△△日
```

---

† タブ位置とよびます．

2.2　例 2.2，例 2.3 を参考にして，次の WriteLine() を実行するプログラムを作成しなさい．また，実行する前にそれぞれの出力結果を予想して，それぞれの出力がなぜそのようになるのか，すべて説明しなさい．その後，プログラムを実行して結果を確認しなさい．

```
Console.WriteLine(2 + 7);
Console.WriteLine(2 + 7 + "が答です");
Console.WriteLine("答は" + 2 + 7);
Console.WriteLine(2 * 8);
Console.WriteLine("答は" + 2 * 8);
Console.WriteLine(16 % 3);
Console.WriteLine("答は" + 16 % 3);
Console.WriteLine(2 * 3 + 4 * 5);
Console.WriteLine("答は" + 2 * 3 + 4 * 5);
Console.WriteLine(2 * (3 + 4) * 5);
Console.WriteLine("答は" + 2 * (3 + 4) * 5);
Console.WriteLine(5 / 2);
Console.WriteLine("答は" + 5 / 2);
Console.WriteLine(5 / 2.0);
Console.WriteLine("答は" + 5 / 2.0);
Console.WriteLine(1.2 + 3.2);
Console.WriteLine("答は" + 1.2 + 3.2);
Console.WriteLine(3 / 2 + 4 * 1.1);
Console.WriteLine("答は" + 3 / 2 + 4 * 1.1);
Console.WriteLine(3 / 2.0 + 4 * 1.1);
Console.WriteLine("答は" + 3 / 2.0 + 4 * 1.1);
```

2.3　タブ記号を使い，次のように 1 桁の数字をそろえて出力するプログラムを作成しなさい．2 桁や 3 桁の数字を混ぜるとどうなるかも確認しなさい．▶ 例 2.5

実行例		
1	2	3
4	5	6
7	8	9

2.4◆　実数と実数の割り算の余りを計算するプログラムを作成し，さまざまなパターンで計算を実行しなさい．あなたの予想した計算結果と，コンピュータの答が合っていることを確認しなさい．たとえば，16.1 % 1.0 の計算結果はどのような数になるでしょうか．それはなぜでしょうか．いろいろ調べてみましょう．

03 | ReadLine

データを読み込む

第2章では表示の方法を学びました．表示の次に学ぶべきことは，コンピュータにデータを渡してあげる方法です．でもその前に，コンピュータに渡すデータの種類と，コンピュータが渡されたデータを記憶する方法について学びましょう．

3.1 | データ型と変数

　人は日常生活で，数字の種類に区別をつけることはありませんね．ですが，コンピュータの中では整数と，小数が含まれる実数は別の種類の数字として扱われます．この種類を，型とかタイプという言葉でよびます．

　整数は整数型とよび，プログラムで整数を扱うときには，int（イント）と指定します．整数は英語で integer と書きますから，それを省略した形です．小数を含む実数は，実数型とよびます．実数型は double（ダブル）という型を使います[†1]．分数を表現する型は用意されていないので，分数は小数に直して計算することになります[†2]．

　数のほかに，文字と文字列を扱うときにも型を指定します．文字は char（チャーとかキャラと読む），文字列は string（ストリング）を使います．さらに bool（ブール）と指定する論理型もあります．論理型は true（真）と false（偽）しかないデータ型ですが，後の章で解説します．

データ型	型の名前	例
整数型	int	-2, 0, 1, 3, 1024, 62501 など
実数型	double	0.01, -1.0, 2.0, 3.1415, 2.7, 123.489 など
文字型	char	'a', 'A', 'あ' など
文字列型	string	"abc", "あいうえお" など
論理型	bool	true と false の二つしかない

■ 変数宣言

　プログラムの中で，数字などのデータを一時的に記憶しておくための場所として，変数を使うことができます．変数は，データを格納しておくための「箱」と考えてもよいでしょう．この箱（変数）は，いくつも使うことができるので，名前をつけて区別しな

[†1] 整数や実数を使うためのほかの型として，整数型には byte, short, long があり，実数型には float, decimal があります．本書では，まずは int と double を使うことにします．詳しくは 133 ページを参照してください．

[†2] 分数を計算するプログラムを用意すれば，分数を分数のまま計算することも可能です．

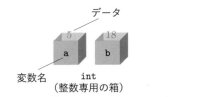

図 3.1　変数

ければいけません（図 3.1）．この名前を変数名といいます．

　プログラムの中で変数を使うためには，あらかじめどのような変数を使うのか，その名前である変数名と，整数か実数かなどのデータ型を指定して宣言しなければいけません．これを変数宣言とよびます．変数宣言は変数を使う前に書きますが，使う前ならどこに書いてもかまいません．変数を使う直前に書いてもよいのです[†1]．ただし，宣言した変数が使える範囲は，変数宣言を含む中カッコ { } で囲まれた範囲内です[†2]．

Point　**変数宣言の基本**

　整数型
　　　int 変数名;
　実数型
　　　double 変数名;
　文字型
　　　char 変数名;
　文字列型
　　　string 変数名;

　変数名には好きな名前を使ってかまいません．アルファベット 1 文字でも，複数の文字の組み合わせでもよいのです．最初の文字以外には，数字を使っても OK です．ただし，後からプログラムを読み返したときにわかりやすくするために，意味のある名前が好まれます．

　それでは，変数宣言の例を見てみましょう．以下のように，型名（int や double など）に続けて変数名を書きます．

```
int seisu1;
```

次のように，複数の変数を 1 行で宣言することも可能です．

```
int seisu1, seisu2;
```

実数，文字列も同じように書きます．違う型の変数は，別の行に書く必要があります．

[†1]　古いプログラミング言語は，プログラムの最初に使う変数をまとめて宣言しなければいけないものもありました．
[†2]　この範囲を，変数のスコープとよびます．

```
double jissu1, jissu2;
string mojiretsu1;
```

Note　**変数名のつけ方**

合計の値を格納する変数ならば，`gokei` とか `sum` などの変数名が適しているでしょう．合計なのに，`heikin` という名前をつけたら，プログラムを後から読み直したときに，読んだ人が混乱してしまいますね．なお，漢字やひらがなも変数名として使えますが，あまりおすすめはしません．漢字やひらがなを変数名として使えないプログラミング言語もありますから，いまは英文字を使う癖をつけておきましょう．

Note　`var`

C#では，変数宣言のデータ型として `var` を指定することもできます．`var` は任意の適切なデータ型を意味します．`var` は，これを指定して変数宣言すると同時に初期値を代入すると，C#が適切な型を推論して設定してくれるという，ちょっと便利な書き方です．でもこれは，プログラミング上級者になって複雑なデータ型を扱うようになってから使ってください．初心者のうちは，`int` や `double` を丁寧に使うことを心掛けましょう．

■**代　入**

変数に値を記憶させることを代入とよびます．「変数 = 式;」という形が使われ「変数←式の値」という操作を表しています．変数に値を代入することを，「変数に値を入れる」「変数に値を格納する」などということもあります．

Point　**代　入**
> 変数 = 式;

式の部分には数値を書いてもよいですし，変数や計算式を書いてもよいです†．ただし，代入される変数を必ず左に書かなければいけません．例を見てみましょう．

▼　seisu1, seisu2, seisu3 が int の場合
```
seisu1 = 5;             // 変数に数値を代入する
seisu2 = seisu1;        // 変数に別の変数の値を代入する
seisu3 = seisu1 + 2;    // 変数に計算結果を代入する
```

▼　jissu1, jissu2 が double の場合
```
jissu1 = 3.14;          // 小数は実数型の変数にしか代入できない
jissu2 = jissu1 / 2;    // 割り算の結果が変数に代入される
```

▼　mojiretsu が string の場合
```
mojiretsu = "abc";
mojiretsu = "def" + "hgi";
```

---

†　あるいは後で学ぶメソッド呼び出しを書いてもかまいません．

■ 初期化

変数の宣言と値の代入は，同時に行うことができます．変数はプログラムの実行に
従っていろいろな値が代入されるものですが，その最初の値（初期値）を設定するとい
う意味で，これを変数の初期化とよびます．

Point	変数宣言と初期化

型名 変数名 = 初期値;

それでは，変数宣言と初期化を同時に実行する例を見てみましょう．

```
int seisu = 1;              // 整数の変数の宣言と初期化の例
double jissu = 4.5;         // 実数の例
string mojiretsu = "abc";   // 文字列の例
```

なお，C#では値を代入する前の変数を，計算や出力で使うことはできません．まず
代入し，それからその値を使うという手順を守る必要があります．

■ 変数を使ったプログラム例

それでは，変数を使ったプログラム例を見てみましょう．

例 3.1	整数の代入と出力

整数の足し算をするプログラムを作成しなさい．

```
 1  using System;
 2
 3  namespace Reidai0301
 4  {
 5      class Program
 6      {
 7          static void Main(string[] args)
 8          {
 9              int seisu1, seisu2;
10              seisu1 = 5;                        // seisu1に5を代入
11              seisu2 = 3;                        // seisu2に3を代入
12              Console.WriteLine(seisu1);         // seisu1の値を出力
13              Console.WriteLine(seisu2);         // seisu2の値を出力
14              Console.WriteLine(seisu1 + seisu2); // 足し算結果を出力
15
16              Console.ReadLine();
17          }
18      }
19  }
```

実行結果

```
5
3
8
```

この例の seisu1 のように，プログラム内で何度も使う値は，変数として扱うとわ
かりやすいです．また，この値を変更したいときも，代入の部分を書き換えれば，プ
ログラム全体に反映されて便利です．

3.2 | 表示の整形

　文字列と変数の中身を，同じ行に並べて表示させたいことがあります．たとえば，変数 x が 3 であることを示すために，

　　　x は 3 です

と表示させたいものとしましょう．「x は　　です」が文字列で「3」が変数 x の値です．このように文字列に値を埋め込んで表示を整形したい場合，Write() と WriteLine() を複数書く方法や，文字列を + 記号で結合して作って表示する方法もありますが，C# ではもっと便利に書く方法が用意されています．

　Write() や WriteLine() で指定する最初の文字列に {数字} という文字列を埋め込みます．すると，その文字列の後に続けて指定した数値や文字列が，最初の文字列の {数字} の部分に埋め込まれて出力されるのです．{数字} は 0 から始めることに注意してください．

Point　整形して出力

```
Console.WriteLine("文字列{0} 文字列{1} ...", データ0, データ1, ...)
```

```
x = 3;
y = 2;
Console.WriteLine("xは{0}でyは{1}です", x, y);
            →xは3でyは2です
```

　次のプログラム例で動作を確認してみましょう．

例 3.2　出力の整形

　整数の掛け算をするプログラムを作成しなさい．

```
1  using System;
2
3  namespace Reidai0302
4  {
5      class Program
6      {
7          static void Main(string[] args)
8          {
9              int seisu1 = 6;   // 変数の宣言と初期化
10             int seisu2 = 7;
11             // ↓ この行のように2行に分割しても大丈夫
12             Console.WriteLine("seisu1={0} seisu2={1} 掛け算結果={2}",
13                         seisu1, seisu2, seisu1 * seisu2);
14
15             Console.ReadLine();
16         }
17     }
18 }
```

実行結果

```
seisu1=6 seisu2=7 掛け算結果=42
```

　このプログラム例のように，`Write()` や `WriteLine()` メソッド呼び出しのカッコの中は，カンマの前後で改行しても大丈夫です．

3.3 ┃ 表示の桁数指定 ◆

　`WriteLine()` で`{0}`を使って数字を表示するとき，表示する桁数を指定することで，表示をより綺麗に見せることができます．桁数表示は非常に細かい部分まで指定できるのですが，ここでは基本的なものだけ覚えましょう．

Point ┃ **表示の桁数指定**

指定桁数で表示

```
Console.WriteLine("0,n", x);    // xをn桁で表示
Console.WriteLine("0,-n", x);   // xをn桁左詰めで表示
```

実数の小数点以下を指定する場合

```
Console.WriteLine("0:f3", x);   // 小数点以下は3桁だけ表示
```

　次のプログラム例で確認してみましょう．

例 3.3 ┃ **桁数指定**

```
1   using System;
2
3   namespace Reidai0303
4   {
5       class Program
6       {
7           static void Main(string[] args)
8           {
9               Console.WriteLine("右詰:{0, 10}と{1}", 123, 4);
10              Console.WriteLine("左詰:{0,-10}と{1}", 123, 4);
11
12              Console.ReadLine();
13          }
14      }
15  }
```

実行結果

```
右詰:␣␣␣␣␣␣␣123と4     ← 123の前に七つの空白
左詰:123␣␣␣␣␣␣␣と4
```

3.4 ┃ キャスト

　通常，変数に違う型のデータを代入することはできません．しかし，実数型変数には，整数型変数を代入することができます．

```
int n;
double x;
n = 123;
x = n;
```

　整数は，実数型変数に代入されるときに小数部分が0の実数に変換されるのです．一方，実数型変数を整数型の変数に代入することはできませんが，明示的に整数型に変換すれば代入することができます．この明示的な変換のことをキャストとよびます．キャストは次のように，式の前に変換後の型をカッコで囲んで書きます．

Point　キャストの書き方

　　（変換後の型）式

整数型変数に実数型のデータを代入する例は，次のようになります．

```
int n;                      // 整数型の変数
double x;                   // 実数型の変数
x = 123.456;               // 実数型の変数に実数を代入
n = (int) x;               // キャストを使って代入
Console.WriteLine(n);      // → 123が出力される
```

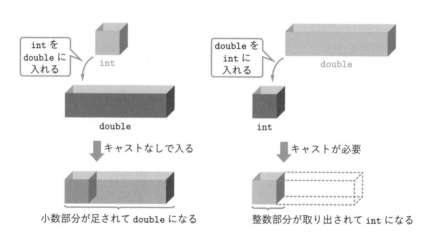

図 3.2　**キャスト**

　実数型データを整数型にキャストすると，実数の小数部分が削除され，整数部分だけが残ります（図3.2）．このキャストを使うと，四捨五入も計算できます．以下の例のように，0.5を足してからキャストすればよいのです．

```
int n;
double x;
x = 12.49;
n = (int) (x + 0.5);  // nは12
x = 12.50;
n = (int) (x + 0.5);  // nは13
```

　さて，次のプログラムは何が起こっているのでしょうか．

```
double x;
x = 3 / 2;
Console.WriteLine("答は{0}", x);  // 1が出力される
```

　上の例は，整数型として 3 / 2 が計算され，答が整数の 1 になった後，実数型変数のx に代入されたため，実数の 1.0 になります．しかし，出力されるときに小数点以下の 0 が省略されて 1 が出力されたのです．1.5 を出力するためには，たとえば次のようにします．

```
double x, y;
y = 3;
x = y / 2;
Console.WriteLine("答は{0}", x);  // 1.5が出力される
```

　3 を double にしておいて，それから実数型の計算をするので，答が 1.5 になっています．これをキャストで書けるでしょうか？　この場合，以下のように，計算前に 3 か2 のどちらかを double にキャストしておけば，実数型の計算結果が得られます．

```
double x;

x = (double) (3 / 2);            // 計算結果をキャスト
Console.WriteLine("答は{0}", x);  // 1が出力される

x = (double) 3 / 2;              // 計算前の3をキャスト
Console.WriteLine("答は{0}", x);  // 1.5が出力される

x = 3 / (double) 2;              // 計算前の2をキャスト
Console.WriteLine("答は{0}", x);  // 1.5が出力される
```

3.5　データの入力

　前節までで，プログラムの中でどのようにデータを扱うかを学びました．しかし，プログラミングの段階ではなく，実行するときにデータを与えたい場合もあります．プログラム実行中に，人がコンピュータにデータを渡すことを入力といいます．すぐに思いつく入力方法は，キーボードに打ち込むことでしょう．人がデータを入力できるようにするためには，コンピュータ側はデータを読み込む処理を実行しなければいけません．つまりプログラムは，キーボードから値を読み込み，変数に代入するメソッドを実行する必要があります．この処理のためには，ReadLine()（リードライン）メソッドを使います．WriteLine() 同様，ReadLine() も Console と一緒に使います．ReadLine()の使い方は次のとおりです．

Point　**キーボードからの入力を読み込む**

```
Console.ReadLine();
```

　次のように書けば，変数 x にキーボードから入力された値を代入します．

```
string x;
x = Console.ReadLine();
```

　　ReadLine() を実行すると，プログラムは停止したかのように見えます．これはプログラムが入力を待っている状態です．キーボードからの入力を受け取るためには，画面に何か入力を促すメッセージを出力するべきです．画面に入力を促す文字列を表示し，それに続けてデータを入力させるためには，以下のように ReadLine() の前に Write() を使うとよいでしょう．

```
Console.Write("名前を入力してください: ");
x = Console.ReadLine();
```

　　ここまでのプログラム例には，最後におまじないとして ReadLine() が入っていました．これは，エンターキーが押されるまでプログラムが終了しないようにするためだったのです．

　　ところで，C#の ReadLine() で読み込めるのは文字列だけです．もし利用者が ReadLine() に対して 123 を入力すると，それはコンピュータの中では"123" という文字列として取り込まれます．では，プログラムが数字データの入力を使いたい場合，どうすればよいでしょうか．

　　数字の入力を使いたい場合，変換メソッドを使います．文字列 "123" を整数 123 に変換したい場合，int.Parse() メソッドを，文字列 "12.3" を実数 12.3 に変換したい場合，double.Parse() メソッドを使います．

| Point | 数字の入力 |

```
int seisu;
seisu = int.Parse(Console.ReadLine());      // 整数の場合
double jissu;
jissu = double.Parse(Console.ReadLine());  // 実数の場合
```

　　int.Parse() は文字列を数字に変換するメソッドですので，ReadLine() と Parse() を 2 行に分けて書くこともできます．

```
int  seisu;
string mojiretsu;
mojiretsu = Console.ReadLine();  // 一度文字列として受け付ける
seisu = int.Parse(mojiretsu);    // 文字列を整数に変換
```

　　これらの変換メソッドは，たとえばアルファベットを含むような文字列を整数に変換しようとするとエラーが発生します†．

■ 入力のプログラム例

　　では，文字列を読み込む例を見てみましょう．

---

†　エラーに対応するための変換メソッドも別途用意されています．

| 例 3.4 | 文字列の入力と出力 |

名前を読み込み，出力するプログラムを作成しなさい．

```
1   using System;
2
3   namespace Reidai0304
4   {
5       class Program
6       {
7           static void Main(string[] args)
8           {
9               string namae;
10              // 画面出力．Writeを使う．改行しない
11              Console.Write("あなたの名前を入力してください>> ");
12              // 読み込み
13              namae = Console.ReadLine();
14              // 文字列の出力
15              Console.WriteLine("あなたの名前は{0}さんですね", namae);
16
17              Console.ReadLine();
18          }
19      }
20  }
```

次は整数の入力の例です．

| 例 3.5 | 図形の面積 |

正方形の一辺の長さを読み込み，正方形の面積を計算して出力するプログラムを作成しなさい．

```
1   using System;
2
3   namespace Reidai0305
4   {
5       class Program
6       {
7           static void Main(string[] args)
8           {
9               // 変数宣言
10              int hen, menseki;
11              // 画面出力．Writeを使う
12              Console.Write("正方形の一辺の長さ>> ");
13              // 読み込み
14              hen = int.Parse(Console.ReadLine());
15              // 計算
16              menseki = hen * hen;
17              // 出力
18              Console.WriteLine("正方形の面積は{0}", menseki);
19
20              Console.ReadLine();
21          }
22      }
23  }
```

実行結果

```
正方形の一辺の長さ>> 7 Enter
正方形の面積は49
```

整数ができたら，次は実数の入力と計算，出力を試してみましょう．

例 3.6	実数の入力と出力

変数 jissu1，jissu2 に実数を読み込み，jissu1 と jissu2 の積と，jissu1 を jissu2 で割った商を求めるプログラムを作成しなさい．

```csharp
 1  using System;
 2
 3  namespace Reidai0306
 4  {
 5      class Program
 6      {
 7          static void Main(string[] args)
 8          {
 9              // 変数宣言
10              double jissu1, jissu2;
11              // 画面出力
12              Console.Write("jissu1 = ");
13              // 読み込み
14              jissu1 = double.Parse(Console.ReadLine());
15              // 変数二つ目も同様
16              Console.Write("jissu2 = ");
17              jissu2 = double.Parse(Console.ReadLine());
18              // 計算と出力
19              Console.WriteLine("{0} * {1} = {2}", jissu1, jissu2, jissu1 * jissu2);
20              Console.WriteLine("{0} / {1} = {2}", jissu1, jissu2, jissu1 / jissu2);
21
22              Console.ReadLine();
23          }
24      }
25  }
```

実行結果

```
jissu1 = 42.75 [Enter]
jissu2 = 4.5 [Enter]
42.75 * 4.5 = 192.375
42.75 / 4.5 = 9.5
```

数字の読み込みと計算，出力ができるようになったら，入力を利用して，具体的な計算を行うプログラムを作ってみましょう．

例 3.7	時間の計算

秒数を読み込んで，分と秒に分けて表示するプログラムを作成しなさい．

```csharp
 1  using System;
 2
 3  namespace Reidai0307
 4  {
 5      class Program
 6      {
 7          static void Main(string[] args)
 8          {
 9              // 変数宣言
10              int byosu, fun, byo;
11              // 画面出力Write
12              Console.Write("秒数を入力してください>> ");
13              // 読み込み
14              byosu = int.Parse(Console.ReadLine());
```

```
15            // 整数の商を計算
16            fun = byosu / 60;
17            // 整数の余りを計算
18            byo = byosu % 60;
19            // 出力
20            Console.WriteLine("{0}分{1}秒です", fun, byo);
21
22            Console.ReadLine();
23        }
24    }
25 }
```

実行結果 1

秒数を入力してください>> 621 [Enter]
10分21秒です

実行結果 2

秒数を入力してください>> 51 [Enter]
0分51秒です

Note | 大文字と小文字

C#では，変数名やメソッド名の大文字小文字は区別されます．C#では変数名は小文字で始めるルールになっています．第11章で詳しく扱うメソッドやクラスの名前は，単語の最初の文字を大文字にし，それ以外は小文字にします．また，第6章で出てくる定数はすべて大文字にします．

Note | 日本語の文字

C#ではアルファベットや数字以外に，漢字やひらがななどの文字も文字型として扱うことができます．しかしほかのプログラミング言語の中には，このような文字を文字型として扱うことができないものもあるので注意しましょう．

■ **数値の計算メソッド**

最後に，数値計算のための代表的なメソッドと数値を紹介しておきます．

メソッド	説明
Math.Abs(x)	絶対値を返す．整数でも実数でも扱える．
Math.Cos(x)	$\cos x$ を計算する．x はラジアンで指定した角度．
Math.Sin(x)	$\sin x$ を計算する．x はラジアンで指定した角度．
Math.Tan(x)	$\tan x$ を計算する．x はラジアンで指定した角度．
Math.Exp(x)	e の x 乗を計算する．
Math.Pow(x, y)	x^y を計算する．
Math.Log(y)	自然対数 $\log_e y$ を計算する．
Math.Log10(y)	常用対数 $\log_{10} y$ を計算する．
Math.Log(x, y)	任意の底をもつ対数 $\log_x y$ を計算する．
Math.Max(x, y)	x と y のうち，大きいほうを返す．整数でも実数でも扱える．
Math.Min(x, y)	x と y のうち，小さいほうを返す．整数でも実数でも扱える．
Math.Sqrt(x)	平方根 $\sqrt{x}$ を計算する．
Math.Round(x)	実数 x を，最も近い整数値に丸めた実数を返す．
Math.PI	円周率．3.1415926535897931
Math.E	自然対数の底．2.7182818284590451

練習問題

3.1 三つの整数型変数を用意してそれらに数値を設定しておき，その三つの数の足し算と掛け算の結果を出力するプログラムを作成しなさい．出力は，何が計算されたのかわかるように出力しなさい．たとえば，2 と 3 と 4 が設定されたら，「2 と 3 と 4 の和は 9，積は 24 です」と出力させなさい．▶ 例 3.2

3.2 長方形の縦と横の長さを読み込み，その長方形の面積を計算して出力するプログラムを作成しなさい．▶ 例 3.5

3.3 円の直径を読み込み，その円の円周の長さを計算して出力するプログラムを作成しなさい．計算結果は実数です．円周率は 3.14 を使いなさい．▶ 例 3.5，例 3.6

3.4 円の半径を読み込み，その円の面積を計算して出力するプログラムを作成しなさい．円周率は 3.14 を使いなさい．

3.5 直方体の縦，横，高さを読み込み，その直方体の表面積と体積を出力するプログラムを作成しなさい．

3.6 台形の上底，下底，高さを読み込み，その台形の面積を出力するプログラムを作成しなさい．

3.7 1 以上 100 未満の整数を読み込み，その整数の十の位，一の位をそれぞれ出力するプログラムを作成しなさい．実行例は次のようになります．
ヒント ▶ / と % を使えば計算できそうです．x / 10 とか，x % 10 などとすると何が得られるか考えてみましょう．

> **実行例**
>
> 数を入力してください>> 51 [Enter]
> 十の位は 5 です．一の位は 1 です．

3.8◆ 金額が入力されると，その金額をなるべく少ない枚数の硬貨で用意するために，どの硬貨を何枚使えばよいか出力するプログラムを作成しなさい．硬貨の種類は 500 円，100 円，50 円，10 円，5 円，1 円とします．たとえば，673 円と入力されると，「500 円玉 1 枚，100 円玉 1 枚，50 円玉 1 枚，10 円玉 2 枚，5 円玉 0 枚，1 円玉 3 枚」と出力するものとします．
ヒント ▶ 大きな硬貨から順番に，何枚使うべきか割り算で計算すればよいでしょう．

04 | if 文
条件で分ける

　コンピュータプログラムの処理の流れには，大きく分けて (1) 順番に実行，(2) 場合によって枝分かれ，(3) 繰り返しの三つの形があります．いままでに扱ってきたプログラムは，基本的に上に書いた文から下に書いた文へ，順番に実行を行ってきました．これはコンピュータのプログラム実行の基本でした．

　ここで少し人の行動を考えてみましょう．人はいつも何か判断をしながら行動しています．たとえば朝出かけるときに，天気予報が晴れであれば傘を持たずに，雨であれば傘を持って外出するでしょう．コンピュータプログラムも，同じように何かの判断をして，実行する処理を選ぶことができます．このように何かの判断によって，その後に何をするか枝分かれする（選択する）ことを条件分岐とよびます．

　たとえば，与えられた数字が偶数か奇数か判断し，偶数だったら「偶数です」，奇数だったら「奇数です」と画面に出力するためには，この条件分岐を使います．ここでは，代表的な条件分岐の一つである if 文を学びましょう．

4.1 | if 文の形

　if 文はここまでに習ってきた WriteLine() や ReadLine() や計算式とは違い，構文です．英語を習ったときにも，構文というものに出会ったことがあると思います．構文とは，決められた形式で書くことで，特定の意を表す文です．プログラミング言語においては，if（イフ），else（エルス）といったキーワードを含む複数の行をひとまとめにして if 文とよびます．

　if 文は，if～（もし～ならば）else（そうでないなら）という英語を，プログラムで書けるようにしたものです．ここで使うキーワード if，else は覚えてしまいましょう．

　if 文は条件式を調べ，条件式が真（true）の場合と偽（false）の場合で実行するプログラムを変更します．条件分岐の構造は，else や else if などの組み合わせでいろいろな形を作ることができます．以下に代表的な if 文の形を示します．

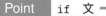

Point　if 文

▼　パターン 1 基本 (1) if だけ

```
if (条件式)
{
    文1;
    ⋮
    文p;
}
```

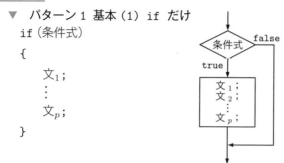

条件式が真の場合，文$_1$, ..., 文$_p$ を実行する．偽の場合は何も行わない．

▼　パターン 2 基本 (2) if else

```
if (条件式)
{
    文11;
    ⋮
    文1p;
}
else
{
    文21;
    ⋮
    文2q;
}
```

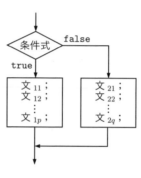

条件式が真の場合は 文$_{11}$, ..., 文$_{1p}$ を実行し，偽の場合は 文$_{21}$, ..., 文$_{2q}$ を実行する．

▼　パターン 3 if else if

```
if (条件式1)
{
    文11;
    ⋮
    文1p;
}
else if (条件式2)
{
    文21;
    ⋮
    文2q;
}
```

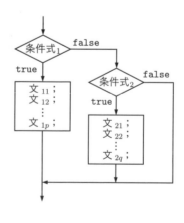

条件式$_1$ が真の場合は 文$_{11}$, ..., 文$_{1p}$ を実行する. 条件式$_1$ が偽であり 条件式$_2$ が真である場合は 文$_{21}$, ..., 文$_{2q}$ を実行する. 条件式$_1$ も 条件式$_2$ も偽の場合は, 何もしない.

▼ パターン4 if else if else

if (条件式$_1$)

{

  文$_{11}$;

  ⋮

  文$_{1p}$;

}

else if (条件式$_2$)

{

  文$_{21}$;

  ⋮

  文$_{2q}$;

}

else

{

  文$_{31}$;

  ⋮

  文$_{3r}$;

}

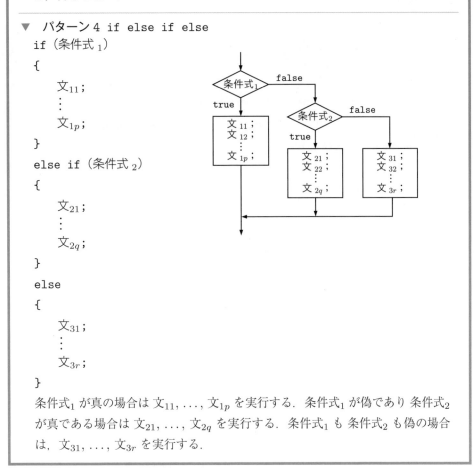

条件式$_1$ が真の場合は 文$_{11}$, ..., 文$_{1p}$ を実行する. 条件式$_1$ が偽であり 条件式$_2$ が真である場合は 文$_{21}$, ..., 文$_{2q}$ を実行する. 条件式$_1$ も 条件式$_2$ も偽の場合は, 文$_{31}$, ..., 文$_{3r}$ を実行する.

このように, if 文は, if(〜){ 文 }の後, else if(〜){ 文 }を複数書いてつなげることができます. if 文のどの条件にもあてはまらないときの処理を書くために, if 文の最後に else を書くことができます. パターン1や3のように不要な場合は, 最後の else は書かなくてもかまいません.

if 文の { } の間に書く文は, 文の書き始めを if の位置よりも右に下げて書き始めるのがマナーになっています. どこからどこまでが { } で囲まれているかをわかりやすくするためです. この書き出しを下げることを字下げ, またはインデントとよびます.

4.2 | 条件式の作り方

if 文の条件式とは, 真 (true) か偽 (false) かをはっきりと判断できる式のことです†. x - 3 (x から 3 を引く) のような真偽がはっきりしないものは禁止です. x < 2

---

† 正確にいえば, 論理型 (p.14 を参照) を結果としてもつ計算式です.

（x は 2 より小さいか）というように真偽がはっきり判断できる式を書かなければいけません．この判断には次の記号[†1]を使うことができます．

条件式で用いる記号

意味	同じ	違う	より小さい	より大きい	以下	以上
数学での表記	=	≠	<	>	≦	≧
C#比較演算子	==	!=	<	>	<=	>=
例	a == b	a != b	a < b	a > b	a <= b	a >= b

たとえば，$a = 3, b = 5$ のとき，a == b, a > b, a >= b は偽となり，a != b, a < b, a <= b は真となります．

条件式は，論理積（かつ，and）を意味する&&，論理和（または，or）を意味する||，否定（ではない，not）を意味する!を使って組み合わせることが可能です．条件式 p と条件式 q を組み合わせて新たな条件式を作る場合の真理値を見てみましょう．

条件式		かつ	または
p	q	p && q	p || q
真	真	真	真
真	偽	偽	真
偽	真	偽	真
偽	偽	偽	偽

条件式	否定
p	!p
真	偽
偽	真

たとえば，(a < 3) && (b > 5) は，$a = 2$ かつ $b = 6$ ならば真であり，$a = 5$ ならば b の値に関係なく偽です．

同様に，(a < 3) || (b > 5) は，$a = 2$ ならば b の値に関係なく真ですし，$b = 6$ ならば a の値に関係なく真ですが，$a = 4$ かつ $b = 3$ ならば偽です．

&& や || は，二つの条件式をつなげるために使うことができます．勘違いしやすいのは，「変数 a が 2 か 3」という条件で，これは基本的には (a == 2) || (a == 3) と書かなければいけません．a == (2 || 3) は間違いですし，a == 2, 3 と書くこともできません[†2]．

また，&& や || を使うときは，条件式をカッコで囲むようにしましょう．a % 2 == 0 || b % 5 == 0 ではなく，(a % 2 == 0) || (b % 5 == 0) のようにカッコをつけて書いたほうが，間違いがなくなります[†3]．

4.3 | if 文の組み合わせ

複雑な条件を記述するときには，if 文の中の {} の間にも if 文を書くことができます．これを，if 文の入れ子とかネストとよびます．複雑な条件を書くためには，ネス

[†1] 必ず半角記号を使ってください．≦ などは全角記号なので使えません．

[†2] C#ではパターンマッチングという応用的な記法を使うことで，これに近い書き方ができるのですが，まずは基本を学ぶことにしましょう．

[†3] 条件式を書くための演算子には，どの演算を先に実行するかの優先順位というものが決められています．しかし，初心者のうちは，優先順位に頼ることなく，カッコをつけて式の意味を明確にしたほうが間違いがありません．また，そのほうが読みやすいプログラムになります．

トが必要な場合もありますが，条件を整理すると && や || を使って書けることもあります．

　次の左のプログラムは，右のプログラムと同じ意味をもちます．よく考えてみましょう．どちらがよいという決まりはありませんが，わかりやすい方法で書くべきでしょう．

▼ 例1　論理積 && を二つの if 文で表現した例

```
if ((条件式 1) && (条件式 2))     if (条件式 1)
{                                {
    A;                               if (条件式 2)
}                                    {
                                         A;
                                     }
                                 }
```

▼ 例2　論理和 || を if 文だけで表現した例

```
if ((条件式 1) || (条件式 2))     if (条件式 1)
{                                {
    A;                               A;
}                                }
else                             else if (条件式 2)
{                                {
    B;                               A;
}                                }
                                 else
                                 {
                                     B;
                                 }
```

▼ 例3　ネストの例

```
if (条件式 1)                     if ((条件式 1) && (条件式 2))
{                                {
    if (条件式 2)                     A;
    {                            }
        A;                       else if (条件式 1)
    }                            {
    else                             B;
    {                            }
        B;                       else
    }                            {
}                                    C;
else                             }
{
    C;
}
```

04 if 文

　if 文には中カッコ { } を使いますね．この中カッコで囲まれた範囲で変数宣言をすると，その変数は同じ { } で囲まれた範囲でしか使えません．たとえば，if の { } の中で変数宣言をして変数を使った場合，その変数は else の後の { } 内では使えませんし，if 文から抜けると代入結果は消えてしまいますので注意しましょう（15 ページ参照）．

■if 文のプログラム例

　では，if 文の例を見てみます．最初は，定番の奇数偶数判定です．

例 4.1	奇数偶数の判定

　入力された 0 以上の整数が，奇数か偶数かを判定しなさい．

考え方▶ プログラムで奇数偶数を判定するには，2 で割って余りが 0 か 1 かを調べます．つまり，(seisu % 2) == 1 という条件式が真ならば奇数であり，そうでなければ偶数です．もちろん (seisu % 2) == 0 という条件式が真ならば偶数であり，そうでなければ奇数であると判定してもかまいません．

```
 1  using System;
 2
 3  namespace Reidai0401
 4  {
 5      class Program
 6      {
 7          static void Main(string[] args)
 8          {
 9              int seisu;
10
11              Console.Write("整数を入力してください>> ");
12              seisu = int.Parse(Console.ReadLine());
13              if (seisu % 2 == 1)          // 2で割った余りが1だった
14              {
15                  Console.WriteLine("{0}は奇数です", seisu);
16              }
17              else                         // 2で割った余りがそれ以外だった
18              {
19                  Console.WriteLine("{0}は偶数です", seisu);
20              }
21              Console.ReadLine();
22          }
23      }
24  }
```

実行結果 1

整数を入力してください>> 6 [Enter]
6は偶数です

実行結果 2

整数を入力してください>> 3 [Enter]
3は奇数です

　次は，条件式を組み合わせた if 文の例です．

| 例 4.2 | 論理和を含む if 文 |

　入力された 0 以上の整数が 3 の倍数か，または 7 の倍数であれば「3 か 7 の倍数」と画面に出力し，そうでなければ「3 でも 7 でも割り切れません」と出力するプログラムを作成しなさい.

```
1   using System;
2
3   namespace Reidai0402
4   {
5       class Program
6       {
7           static void Main(string[] args)
8           {
9               int seisu;
10
11              Console.Write("整数を入力してください>> ");
12              seisu = int.Parse(Console.ReadLine());
13              // ifの条件が「または」
14              if ((seisu % 3 == 0) || (seisu % 7 == 0))
15              {
16                  Console.WriteLine("{0}は3か7の倍数です", seisu);
17              }
18              else
19              {
20                  Console.WriteLine("{0}は3でも7でも割り切れません", seisu);
21              }
22              Console.ReadLine();
23          }
24      }
25  }
```

04
if 文

実行結果 1

整数を入力してください>> 12 [Enter]
12は3か7の倍数です

実行結果 2

整数を入力してください>> 16 [Enter]
16は3でも7でも割り切れません

　次は，else if と else を使って場合分けを行う例です.

| 例 4.3 | 絶対値の比較 |

　入力された二つの整数について，どちらの絶対値が大きいか出力するプログラムを作成しなさい.

考え方 ▶ 絶対値を求めるためには Math.Abs() というメソッドを使うことができます. x の絶対値を計算するには，Math.Abs(x) のように使います. もちろん if 文で正負の判定を書いてもよいです.

```
1   using System;
2
3   namespace Reidai0403
4   {
5       class Program
6       {
```

```
7          static void Main(string[] args)
8          {
9              int seisu1, seisu2;
10
11             Console.Write("整数1を入力してください>> ");
12             seisu1 = int.Parse(Console.ReadLine());
13             Console.Write("整数2を入力してください>> ");
14             seisu2 = int.Parse(Console.ReadLine());
15             if (Math.Abs(seisu1) > Math.Abs(seisu2))
16             {
17                 Console.WriteLine("|{0}| > |{1}|", seisu1, seisu2);
18             }
19             else if (Math.Abs(seisu1) < Math.Abs(seisu2))
20             {
21                 Console.WriteLine("|{0}| < |{1}|", seisu1, seisu2);
22             }
23             else
24             {
25                 Console.WriteLine("|{0}| = |{1}|", seisu1, seisu2);
26             }
27             Console.ReadLine();
28         }
29     }
30 }
```

実行結果1

```
整数1を入力してください>> -20 [Enter]
整数2を入力してください>> 12 [Enter]
|-20| > |12|
```

実行結果2

```
整数1を入力してください>> -10 [Enter]
整数2を入力してください>> 10 [Enter]
|-10| = |10|
```

　　if と else だけだと，絶対値が等しい場合が大小差のある場合に含まれてしまうので，if と else if と else を用いています．

　　次も，else if と else を使う例です．論理的な場合分けができるように，考えを整理してからプログラムを書くように心掛けましょう．

| 例 4.4 | 2 次方程式の解 |

　　2 次方程式 $ax^2 + bx + c = 0$ の実数解を求めるプログラムを作成しなさい．

考え方 ▶ 2 次方程式の解は，解の公式で求めることができます．プログラムを作る前に，場合分けをしっかり考えてみましょう．平方根を求めるためには，Math.Sqrt() というメソッドを使うことができます（p.25 参照）．Math.Sqrt(x) は，x の平方根を計算して返します．

```
1  using System;
2
3  namespace Reidai0404
4  {
5      class Program
6      {
```

```
 7          static void Main(string[] args)
 8          {
 9              double a, b, c, d, x1, x2;
10              // 係数の読み込み
11              Console.WriteLine("方程式ax^2 + bx + c = 0の実数解");
12              Console.WriteLine("a b c を入力してください");
13              Console.Write("a = ");
14              a = double.Parse(Console.ReadLine());
15              Console.Write("b = ");
16              b = double.Parse(Console.ReadLine());
17              Console.Write("c = ");
18              c = double.Parse(Console.ReadLine());
19              // 判別式の計算
20              d = b * b - 4 * a * c;
21              if (d == 0)        // 重解の場合
22              {
23                  x1 = -b / (2 * a);
24                  Console.WriteLine("解は重解で{0}", x1);
25              }
26              else if (d > 0)    // 実数解が二つの場合
27              {
28                  x1 = (-b + Math.Sqrt(b * b - 4 * a * c)) / (2 * a);
29                  x2 = (-b - Math.Sqrt(b * b - 4 * a * c)) / (2 * a);
30                  Console.WriteLine("解は{0}と{1}", x1, x2);
31              }
32              else               // 実数解がない場合
33              {
34                  Console.WriteLine("実数解はありません");
35              }
36              Console.ReadLine();
37          }
38      }
39 }
```

実行結果 1

```
方程式ax^2 + bx + c = 0の実数解
a b c を入力してください
a = 1 Enter
b = 3 Enter
c = 2 Enter
解は-1と-2
```

実行結果 2

```
方程式ax^2 + bx + c = 0の実数解
a b c を入力してください
a = 2 Enter
b = 4 Enter
c = 2 Enter
解は重解で-1
```

実行結果 3

```
方程式ax^2 + bx + c = 0の実数解
a b c を入力してください
a = 1 Enter
b = 2 Enter
c = 3 Enter
実数解はありません
```

練習問題

4.1 整数 n を読み込んで，n が 0 より小さければ「マイナスの数です」と，0 より大きければ「プラスの数です」と出力するプログラムを作成しなさい． ▶ 例 4.1

4.2 整数 n を読み込んで，n の絶対値を出力するプログラムを作成しなさい．ただし，絶対値を計算するメソッド Math.Abs() を使わないで計算しなさい．
　　　ヒント ▶ 練習問題 4.1 を参考にし，マイナスの数ならば，−1 倍した値を出力すればよいだけです．

4.3 二つの整数を読み込んで，異なる整数であるかどうかを判定するプログラムを作成しなさい．
　　　▶ 例 4.3

4.4 二つの整数 a，b を読み込んで，a が b の倍数であるかどうかを判定するプログラムを作成しなさい． ▶ 例 4.3

4.5 二つの整数を読み込んで，大きいほうの値を出力するプログラムを作成しなさい． ▶ 例 4.3

4.6 三つの整数を読み込んで，その中の最大値を出力するプログラムを作成しなさい．たとえば，入力に 6, 4, 6 が与えられたら，6 を答えることとします． ▶ 例 4.4

4.7 四つの整数を読み込んで，その中の最小値を出力するプログラムを作成しなさい．たとえば，入力に 6, 4, 8, 4 が与えられたら，4 を答えることとします． ▶ 例 4.4

4.8 整数 n を読み込んで，n が 2 の倍数であり 3 の倍数なら画面に「6 の倍数です」と，n が 2 の倍数であるが 3 の倍数ではないなら画面に「2 の倍数ですが 3 の倍数ではありません」と，n が 3 の倍数であるが 2 の倍数ではないなら画面に「3 の倍数ですが 2 の倍数ではありません」と，それ以外なら画面に「2 の倍数でも 3 の倍数でもありません」と出力するプログラムを作成しなさい． ▶ 例 4.2

4.9 1600 以上の西暦の年を読み込み，その年がうるう年かどうか判定し，「うるう年です」「うるう年ではありません」のどちらかを出力するプログラムを作成しなさい．西暦の年が 4 で割り切れる年はうるう年ですが，100 で割り切れる年はうるう年ではなく，400 で割り切れる年はうるう年です．たとえば，2004 年はうるう年ですが，1900 年はうるう年ではなく，2000 年はうるう年です．

05 | for文
決まった回数の繰り返し

　コンピュータプログラムの処理の流れには，(1) 上から下へ順番に実行，(2) 場合によって枝分かれ，(3) 繰り返しの三つの形があることは前にも説明しました．ここでは3番目の繰り返しを学びましょう．

　繰り返しとは，同じ処理を何度も実行することです．C#には，繰り返しを実現するための構文がいくつか用意されていますが，最初にfor（フォー）文を学ぶことにしましょう．

5.1 | for文の書き方

　for文は，繰り返し回数が決まっている場合に使う定番の構文です．for文は次のように書きます．

Point **for文の基本的な書き方**

```
for (int i = 0; i < 回数; i++)
{
    文;
}
```

　このように書くと，文の部分が指定された回数だけ繰り返し実行されます．回数の部分には数字，整数の変数，整数の式などを書いてください．コンピュータは，繰り返し処理を実行中，何回繰り返したかを数えなければいけません．この繰り返し回数を数えるために，カウンタとよばれる変数を使います．上のfor文の書き方の中のiがカウンタです．

　ここで，for文として書かなければいけない骨組は，

```
for ( ; ; )
{

}
```

だけです．（ ; ; ）は顔文字のようにも見えますが，セミコロンの間に式などが入ります．文法的には次の意味をもっています．

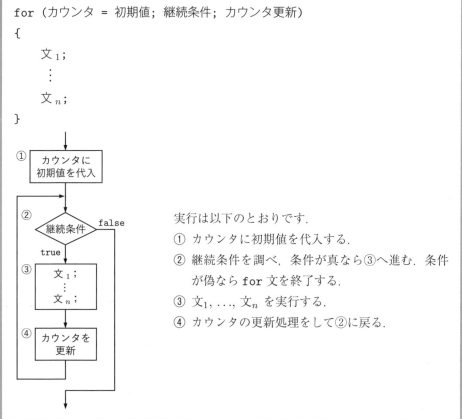

| Point | for文の構造 |

```
for (カウンタ = 初期値; 継続条件; カウンタ更新)
{
    文₁;
       ⋮
    文ₙ;
}
```

① カウンタに初期値を代入

② 継続条件　false

true

③ 文₁; ⋮ 文ₙ;

④ カウンタを更新

実行は以下のとおりです.
① カウンタに初期値を代入する.
② 継続条件を調べ, 条件が真なら③へ進む. 条件が偽なら for 文を終了する.
③ 文₁, ..., 文ₙ を実行する.
④ カウンタの更新処理をして②に戻る.

　for 文ではカウンタ変数を使いますが, カウンタ変数には通常, 整数（int）を使い, 変数名は i とか j を使うのが通例になっています. このカウンタ変数は for 文の中でしか使われません. そこで for 文は, for 文の中でカウンタ変数の宣言と初期化が同時に行えるようになっています. int i = 0; と書いてしまうのです.

　継続条件はこのカウンタを用いて書くのが普通です. i が 10 より小さい間繰り返すならば, i < 10 と書きます.

　カウンタの更新は通常, 1 ずつ増やします. たとえば, 変数 i の値を 1 増加させるためには, i + 1 の計算結果を i に代入します. つまり, 次の式になります.

```
i = i + 1
```

代入式の右と左に i が現れますが, 間違いではありません. 右が先に計算され, その結果が左の変数に代入されるのです. このような書き方は今後もたくさん出てきますから, いまここで覚えておきましょう.

　ところで i = i + 1 は非常に頻繁に使われる計算です. そこで C#には, i = i + 1 をもっと簡単に書くための ++ 演算子が用意されています. 単純に i++ と書くと,

i = i + 1 と同じ意味になるのです．++ はインクリメント演算子とよびます†．

Point	++ 演算子

i++ は i = i + 1 と同じ意味

ちなみにコンピュータの世界では，10 回というのは，基本的に 0 回目〜9 回目と，0 から数え始めます．よって，i の初期値は 0，条件は 10 未満になり，for の最初の行は次のように書けます．

```
for(int i = 0; i < 10; i++)
```

では，プログラム例を見てみましょう．まず 0, 1, 2, 3, 4 の五つの整数を表示するプログラムは，繰り返しを使わない場合，次のように何度も同じことを書くことになります．

```
int i;
i = 0;
Console.WriteLine(i);
i++;
Console.WriteLine(i);
i++;
Console.WriteLine(i);
i++;
Console.WriteLine(i);
i++;
Console.WriteLine(i);
```

これを，繰り返しを使って書いたのが次の例です．プログラムの中に同じ行は出現していませんね．

例 5.1	繰り返しを用いた連番の表示

0, 1, 2, 3, 4 を表示するプログラムを作成しなさい．

```
 1  using System;
 2
 3  namespace Reidai0501
 4  {
 5      class Program
 6      {
 7          static void Main(string[] args)
 8          {
 9              // for文で繰り返す
10              for (int i = 0; i < 5; i++)
11              {
12                  Console.WriteLine(i);
13              }
14              Console.ReadLine();
15          }
16      }
17  }
```

---

† プログラムを音読するときは，プラプラと読んだりします．

```
0
1
2
3
4
```

for の条件に注意しましょう．i の初期値は 0，繰り返しの条件は i < 5 です．

次は単純な足し算を繰り返す例です．掛け算を足し算だけで計算してみます．

例5.2　単純な繰り返し

整数の掛け算 $n \times m$ を，足し算だけで計算しなさい．

考え方▶n を m 回足し算すればよいだけです．

```
1   using System;
2
3   namespace Reidai0502
4   {
5       class Program
6       {
7           static void Main(string[] args)
8           {
9               int n, m, kekka;
10
11              // 整数読み込み
12              Console.Write("整数nを入力してください>> ");
13              n = int.Parse(Console.ReadLine());
14              Console.Write("整数mを入力してください>> ");
15              m = int.Parse(Console.ReadLine());
16              // 計算結果を0に初期化します
17              kekka = 0;
18              // kekkaにnをm回足します
19              for (int i = 0; i < m; i++)
20              {
21                  kekka = kekka + n;
22              }
23              // 計算結果の表示
24              Console.WriteLine("{0} × {1}は{2}", n, m, kekka);
25              Console.ReadLine();
26          }
27      }
28  }
```

実行結果

```
整数nを入力してください>> 4 Enter
整数mを入力してください>> 6 Enter
4 × 6は24
```

for の条件に注意しましょう．i の初期値は 0，繰り返しの条件は i < m です．

Note　カウンタの変数名

　カウンタの変数名には，その変数名に特別な意味をもつ名前をつけたい場合を除いて，慣例として i，j, k, m, n か，または i, j, k, m, n を頭文字としたもの（たとえば ii, jjj, k1 など）を用います．これは，数学の変数名につけるサフィックス a_{ijk} からきているものと思われ，海外でもこのような習慣に

なっているようです．なお，l（小文字のエル）は I（大文字のアイ）や数字の 1 と紛らわしいので，用いないほうがよいでしょう．

5.2 ┃ 1 からある数までの総和

プログラムを使って 1 から適当な正の整数 seisu までの和を求めることを考えてみましょう．1 からある数までの和や積というのは，for 文の典型的な基礎問題です．

ここではプログラミングの練習のため，総和を seisu * (1 + seisu) / 2 の公式で計算するのではなく，一つずつ数を足していくことを考えます．単純に考えるなら，次のような式になります．

```
sowa = 1 + 2 + 3 + ... + seisu;
```

しかしこれでは，seisu が非常に大きな数のときはプログラムを書くのが面倒ですね．そもそもプログラム実行時にならないと seisu を確定することができないので，プログラムを書くことができません．

このような計算をする場合，コンピュータのプログラムでは，次のように変数を一つ用意して，そこに数を足していくことを考えます．

```
sowa = 0;             // まず変数に0を入れておく
sowa = sowa + 1;      // そこに1を加える
sowa = sowa + 2;      // 2を加える．以下続く
  ：
sowa = sowa + seisu;  // 指定したseisuまで加えたら終わり
```

これでもまだ，プログラム実行時にならないと何行のプログラムが必要かわからず，プログラムを書くことができません．そこでもう一段階，変数 i を用意することで，次のように書き直すことができます．

```
sowa = 0;
i = 1;                // iを1にする．iは1
sowa = sowa + i;      // 変数sowaにiを加える．sowa=0+1
i++;                  // iを一つ増やす．iは2
sowa = sowa + i;      // 変数sowaにiを加える．sowa=1+2
i++;                  // iを一つ増やす．iは3
sowa = sowa + i;      // 変数sowaにiを加える．sowa=3+3
i++;                  // iを一つ増やす．iは4
  ：
(続く)
```

同じパターンの繰り返しですね．これは，次のように for 文を使って書くことができます．

```
sowa = 0;              // まず変数に0を入れておく
for (int i = 1; i <= seisu; i++)
{
    sowa = sowa + i;
}
```

　これが総和を求めるための for 文の形です．この形はプログラムの定石なので，形そのものを覚えてしまいましょう．プログラム全体を，次の例で見ておきましょう．

例5.3　総和の計算

　1以上の整数を変数 seisu として読み込んで，1から seisu までの総和を求めるプログラムを作成しなさい．

考え方▶ この場合，変数 i は繰り返し回数を数えるカウンタであると同時に，「i 番目の数」を表しています．このプログラムは seisu まで足さなければいけないので，for 文が1から seisu 以下までになっていることに注意してください．

　では，for 文を使ったプログラムの全体を以下に示します．

```
 1  using System;
 2
 3  namespace Reidai0503
 4  {
 5      class Program
 6      {
 7          static void Main(string[] args)
 8          {
 9              int sowa, seisu;
10
11              // seisuの読み込み
12              Console.Write("1以上の整数を入力してください>> ");
13              seisu = int.Parse(Console.ReadLine());
14              // 総和を入れる変数sowaを0にする（sowaの初期化）
15              sowa = 0;
16              // iを1からseisu以下まで繰り返す
17              for (int i = 1; i <= seisu; i++)
18              {
19                  // それまでの総和にiの値を加えて新しい総和とする
20                  sowa = sowa + i;
21              }
22              // 計算結果の出力
23              Console.WriteLine("総和は{0}", sowa);
24              Console.ReadLine();
25          }
26      }
27  }
```

実行結果

```
1以上の整数を入力してください>> 10 [Enter]
総和は55
```

5.3 | for 文と if 文の組み合わせ

　for 文や，前章で説明した if 文は単独に用いるだけではなく，組み合わせて使うことができます．for 文の中に if 文を組み合わせることで，条件に合う数字だけを数える例を見てみましょう．

例 5.4 | 条件に合う数を数える

　1 以上の整数を変数 seisu として読み込んで，seisu 未満の整数の中に 3 で割ると 1 余る数がいくつあるか調べるプログラムを作成しなさい．

考え方 ▶ これは，for 文の中で条件に合う数がいくつあるかを数えるというプログラムの定石です．for 文と if 文を組み合わせて使います．

　3 で割って 1 余るの判定は，i % 3 == 1 という条件式が真かどうかを調べればよいですね．個数を数える場合は，kosu という変数を用意しておいて，条件に合うものが見つかったら kosu に 1 を加える，つまり，kosu++ と書けばよいです．勘違いして kosu に i を足さないでくださいね．

```csharp
using System;

namespace Reidai0504
{
    class Program
    {
        static void Main(string[] args)
        {
            int kosu, seisu;

            // seisuの読み込み
            Console.Write("1以上の整数を入力してください>> ");
            seisu = int.Parse(Console.ReadLine());
            // 個数を数える変数kosuを0にする
            kosu = 0;
            // iを1からseisuまで繰り返す
            for (int i = 1; i < seisu; i++)
            {
                // iが条件に合うかどうかif文で調べる
                if (i % 3 == 1)
                {
                    kosu++;  // 条件に合うならkosuに1を加える
                }
            }
            // 結果の出力
            Console.WriteLine("1から{0}未満に条件に合う数は{1}個", seisu, kosu);
            Console.ReadLine();
        }
    }
}
```

実行結果

```
1以上の整数を入力してください>> 200 [Enter]
1から200未満に条件に合う数は67個
```

　次は，for 文の中に if 文を使うことで，条件によって計算方法を変更する例です．

例 5.5	if 文を繰り返す

1 以上の整数 n を読み込み，$1 - 2 + 3 - 4 + \cdots + (-1)^{n+1} \times n$ を計算するプログラムを作成しなさい.

考え方 ▶ ここでは，for 文の中で if 文を使って条件分けする方法でプログラムを書いてみましょう. もちろん $(-1)^{(n+1)}$ を使って計算する方法も，簡単に作ることができるので，興味のある人はチャレンジしてみましょう.

```csharp
1   using System;
2
3   namespace Reidai0505
4   {
5       class Program
6       {
7           static void Main(string[] args)
8           {
9               int sowa, n;
10
11              Console.Write("nを入力してください>> ");
12              n = int.Parse(Console.ReadLine());
13              sowa = 0;
14              // for繰り返しは1からn以下
15              for (int i = 1; i <= n; i++)
16              {
17                  if (i % 2 == 1)              // 奇数ならプラス
18                  {
19                      sowa = sowa + i;
20                  }
21                  else                        // 偶数ならマイナス
22                  {
23                      sowa = sowa - i;
24                  }
25              }
26              Console.WriteLine("計算結果: {0}", sowa);
27              Console.ReadLine();
28          }
29      }
30  }
```

実行結果

```
nを入力してください>> 10 Enter
計算結果: -5
```

5.4　for 文を使った二重ループ

for 文の { } の中には，どのようなプログラムを書いてもかまいません. いままでに for 文の中に if 文を組み合わせる例を見ましたが，for 文の中に for 文を書くこともできます. これを for 文の入れ子とか二重ループとよびます.

　for 文の二重ループを書く場合，外側の for 文と内側の for 文では，別のカウンタ変数を使う必要があるので注意してください. まずは単純な二重ループの例を見てみましょう.

例 5.6	繰り返しを繰り返す

　掛け算九九の表を出力するプログラムを作成しなさい.

　この例では Write に桁数指定を使っています. 表示する数字について, 4桁より小さい場合は空白を足して4桁分の幅に合わせることで, 表を綺麗に表示させています. 詳しくは19ページを見てください.

```
1   using System;
2
3   namespace Reidai0506
4   {
5       class Program
6       {
7           static void Main(string[] args)
8           {
9               // 行の繰り返し 外側のループ
10              for (int i = 1; i <= 9; i++)
11              {
12                  // 列の繰り返し 内側のループ
13                  for (int j = 1; j <= 9; j++)
14                  {
15                      // 桁数指定で表示
16                      Console.Write("{0,4}", i * j);
17                  }
18                  // 1行の最後に改行する
19                  Console.WriteLine();
20              }
21              Console.ReadLine();
22          }
23      }
24  }
```

05 for 文

実行結果

```
1    2    3    4    5    6    7    8    9
2    4    6    8   10   12   14   16   18
3    6    9   12   15   18   21   24   27
4    8   12   16   20   24   28   32   36
5   10   15   20   25   30   35   40   45
6   12   18   24   30   36   42   48   54
7   14   21   28   35   42   49   56   63
8   16   24   32   40   48   56   64   72
9   18   27   36   45   54   63   72   81
```

5.5 カウントダウン ◆

　for 文は, 数字を一つずつ増やしていくカウントアップだけではなく, 一つずつ減らしていくカウントダウン形式も書くことができます. たとえば, 「i を 0 から 99」ではなく, 「i を 99 から 0」と指定できます. 一つずつ数を増やすときには ++ 演算子が使えました. 数を減らすときには, -- 演算子が使えます. --はデクリメント演算子とよびます.

Point	-- 演算子

　i-- は i = i - 1 と同じ意味

これを使うと，

```
for (int i = 99; i >= 0; i--)
```

という書き方ができます．繰り返しの初期値の与え方，繰り返しを続ける条件の書き方
などに注意してください．

　実際のプログラムでは，1ずつのカウントアップやカウントダウン以外にも，2ずつ
カウントアップとか，5ずつカウントダウンなどを作ることがあるかもしれません．そ
のような場合，++ や -- の代わりに以下の演算子を使うと便利です．

Point　+=演算子と-=演算子

　i += m は i = i + m と同じ意味
　i -= m は i = i - m と同じ意味

Note　++i と i++

　++ 演算子には二つの使い方があります．変数の前に書く ++i と，変数の後に書く i++ です．実
はこれは意味が違います．変数の前に書くと，まず変数の値が1増えて，それからその変数の値が
使われます．一方，変数の後に書くと，変数の値が使われた後，変数の値が1増えます．つまり，
Console.WriteLine(x++); とすると，x の値が表示された後に x の値が1増えます．次の例を実行し
て，なぜそうなるか考えてみてください．

```
int x = 2;
Console.WriteLine(x++);   // 2が表示されてから1増える
Console.WriteLine(x);     // 3が表示される
Console.WriteLine(++x);   // 1増えた後, 4が表示される
Console.WriteLine(x);     // 4が表示される
```

練習問題

5.1　1以上の整数 n と m を読み込んで，n^m を計算するプログラムを作成しなさい．▶ 例5.2
　ヒント ▶ n^m は，n を m 回掛け合わせればよいです．

5.2　1以上の整数 n を読み込んで，n の階乗 $n!$ を計算するプログラムを作成しなさい．▶ 例5.3
　ヒント ▶ $n!$ は1から n まで掛け合わせればよいです．1から n までの和と似ていますね．

5.3　正の整数 n を読み込んで，n 以下の奇数の総和を計算するプログラムを作成しなさい．▶ 例5.3, 例5.4
　ヒント ▶ 作り方は二つあります．

5.4　1以上の整数 n を読み込んで，n の約数をすべて列挙するプログラムを作成しなさい．▶ 例5.4
　ヒント ▶ for(int i = 1; i <= n; i++) として，n % i == 0 のときだけ i を表示すればよ
いでしょう．約数には 1 も n も含みます．

5.5　二つの1以上の整数 m と n を読み込んで，m と n の公約数をすべて出力するプログラムを作
成しなさい．▶ 例5.4

ヒント ▶ for(int i = 1; i <= m; i++) とし，m % i == 0 であり，かつ n % i == 0 であるときだけ i を出力すればよいでしょう．

5.6　二つの 2 桁の整数 m と n を読み込んで，$m \times n$ 以下の m と n の公倍数をすべて出力するプログラムを作成しなさい．
　　ヒント ▶ for(int i = 1; i <= (m * n); i++) とし，i % m == 0 であり，かつ i % n == 0 であるときだけ i を出力すればよいでしょう．実際には i=1 からではなく，m 以上か n 以上だけ計算したほうがよいでしょう．公倍数には $m \times n$ を含みます．

5.7　1 以上の整数 n を読み込んで，次の実行例のように，1! から $n!$ までを出力するプログラムを作成しなさい．二重ループ（プログラム例 5.6）を使う方法と，二重ループを使わない方法を検討しなさい．

05

for 文

実行例
数を入力してください>> 4 [Enter] 1! = 1 2! = 2 3! = 6 4! = 24

5.8　0 から 19 までの整数を，タブ (¥t)（p.12）を使って 4 行 5 列で表示するプログラムを作成しなさい． ▶ 例 5.6
　　ヒント ▶ 基本は二重ループを使う方法です．それ以外の方法もありますし，二重ループを使う方法も一つだけではありません．いろいろ試してみましょう．タブではなく数字の桁数指定（p.19）を試すと，もっと綺麗に表示されるはずです．

出力例				
0	1	2	3	4
5	6	7	8	9
10	11	12	13	14
15	16	17	18	19

06 | 定数と乱数
便利な書き方

　ここまできたら，もうみなさんは出力方法，演算方法，データの記憶方法（変数と型），入力方法，条件分岐の方法（if 文），繰り返しの方法（for 文）という順番で，プログラムの重要な要素をひととおり学んだことになります．そこでこの章では，少し肩の力を抜いて，プログラムを便利に書くための定数と，プログラムの応用の幅を広げる乱数について学びましょう．

6.1 | 定　数

　機械設計のプログラムを作ることを想像してみてください．プログラム開発当初は円周率 3.14 を使っていたのですが，計算精度を高めるため，3.141592 を使うことに変更されたとします．3.14 が 1 箇所だけなら簡単です．ところが，複雑なプログラムのあちこちに，3.14 という数字が使われていたら，プログラムの書き換えは少し面倒になるかもしれません．

　そこで，プログラムを作成するとき，何度も登場する固定の数値を，定数として名前をつけて宣言しておくと便利です．プログラムを書いた後でこの数値を変更しなければいけなくなったら，その宣言の部分だけを書き換えればよいのです．

　この後の章で出てくる配列では，定数が非常に活躍することになります．そもそもプログラムの中に数値を直接書くことは，プログラムを「汚く」する原因とされているのです．定数を積極的に活用できるようにしておきましょう．

　定数の宣言には，const を使います．

Point　定数の宣言

```
const 型名 定数名 = 値;
```

　たとえば，次のように書きます．定数の名前には，すべて大文字を使う慣習があります．

```
const int SAIDAICHI = 100;
```

　これ以降，SAIDAICHI は int 型の 100 として扱われます．変数との違いは，以降のプログラムで定数に別の数値を代入しようとすると，エラーになるという点です．もちろん，一つのプログラムの中にいくつもの定数宣言を書いてかまいません．定数宣言は，定数を使うところよりも前に書くことが重要です．

次のプログラムは，繰り返す回数に定数を使った例です．

| 例 6.1 | for 文に定数を使った例 |

0 から N までを表示するプログラムを作成しなさい．ただし，N は定数として宣言しなさい．

```
1   using System;
2
3   namespace Reidai0601
4   {
5       class Program
6       {
7           static void Main(string[] args)
8           {
9               // 定数の宣言
10              const int N = 5;
11
12              // for文で定数を利用
13              for (int i = 0; i <= N; i++)
14              {
15                  Console.WriteLine(i);
16              }
17              Console.ReadLine();
18          }
19      }
20  }
```

実行結果

```
0
1
2
3
4
5
```

この例では，定数 N は 1 箇所しか出てきませんが，より複雑なプログラムでは，定数が非常に活躍します．

| Note | 円周率 |

円周率の数値は知っていますよね？　おおよそ 3，または 3.14，より正確には 3.141592653589793… といったところでしょうか．あまり知られていないことですが，円周率は目的によって異なった値を使います．たとえば，陸上競技のコースを設計する場合，円周率は 3.1416 を使うことがルールブックに書かれています．指輪を作るときは 3.14 を使うそうです．人工衛星の軌道計算は，もっと小数点以下の桁数が多い精密な値が使われています．

このように円周率は，目的によって違う値が使われるのです．それならば，円周率をプログラムの中に直接書くのではなく，定数として宣言しておけばよいでしょう．将来，円周率の数値が変わったとしても，定数の部分だけ書き換えればよいのです．「将来，円周率の数値が変わる」は数学的には冗談でしかありませんが，プログラミングの世界では起こりうることなのです．

6.2 | 乱　数

　　コンピュータのプログラムは，いつも正確に同じ計算をしてくれます．いつ何度実行しても，疲れることなく，同じ計算結果を返してくれます．しかしいつも同じでは，たとえば，コンピュータにゲームの相手をさせることができませんね．

　　そこでC#には，メソッドを呼ぶたびに毎回違う数を計算結果として返す，乱数生成機能が用意されています．乱数とは，次の数が予想できない数列と考えてもかまいません．

　　C#で乱数を使うためには，まず乱数を生成するプログラムの部品†を用意します．変数宣言と同じように次の1文を最初に書きます．

Point　　乱数の準備

```
Random 変数名 = new Random();
```

　　Random は C#が用意した機能の名前です．new は新しい部品を作る命令です．結果として Random の新しい部品が作られて，それが Random 型の変数に代入されます．

　　そしていま作った部品に対して，整数の乱数が欲しい場合は Next() メソッドを，実数の乱数が欲しい場合は NextDouble() メソッドを使えば，乱数が次々に得られます．

Point　　乱数の生成

```
Random rnd = new Random();           // 乱数生成の準備
int irnum = rnd.Next(n);             // 0以上n未満の整数の乱数を生成
double drnum = rnd.NextDouble();     // 0以上1.0未満の実数の乱数を生成
```

　　使い方の例を見てみましょう．

例 6.2　　整数の乱数生成を繰り返す

　　1以上10以下の整数の乱数を5個出力するプログラムを作成しなさい．

　考え方▶ Next(10) は0以上10未満の整数の乱数を生成します．求められているのは1以上10以下の乱数なので，生成された乱数に1を加えればよいでしょう．

```
 1  using System;
 2
 3  namespace Reidai0602
 4  {
 5      class Program
 6      {
 7          static void Main(string[] args)
 8          {
 9              int x;
10              // 乱数機能を使うための準備
```

---

†　正確にはインスタンスとよびます．第13章で学びます．

```
11              Random rnd = new Random();
12
13              for (int i = 0; i < 5; i++)
14              {
15                  // 1以上10以下の整数の乱数を作る
16                  x = rnd.Next(10) + 1;
17                  // 作った乱数を表示する
18                  Console.WriteLine("{0}個目> {1}", i, x);
19              }
20              Console.ReadLine();
21          }
22      }
23  }
```

実行結果

```
0個目> 8
1個目> 2
2個目> 10
3個目> 4
4個目> 7
```

乱数を用いているため，実行結果が毎回異なることに注意しましょう．

次は実数の乱数を使う例です．

| 例 6.3 | 実数の乱数 |

0 以上 100 未満の実数の乱数を 10000 個生成し，その平均値を求めなさい．

考え方▶ NextDouble() は 0 以上 1.0 未満の実数の乱数を生成します．0 以上 100 未満にするためには，生成された乱数を 100 倍します．

```
1   using System;
2
3   namespace Reidai0603
4   {
5       class Program
6       {
7           static void Main(string[] args)
8           {
9               // Nを定数として使う
10              const int N = 10000;
11              // 変数はすべて実数型を使う
12              double gokei, ransu, heikin;
13              // 乱数機能を使うための準備
14              Random rnd = new Random();
15
16              // 合計を0にしておく
17              gokei = 0;
18              // N回繰り返し
19              for (int i = 0; i < N; i++)
20              {
21                  // 0以上100未満の乱数を作る
22                  ransu = 100 * rnd.NextDouble();
23                  // 作った乱数を合計しておく
24                  gokei = gokei + ransu;
25              }
26              // 平均を求める
```

```
27              heikin = gokei / N;
28              // 結果の出力
29              Console.WriteLine("平均値{0}", heikin);
30              Console.ReadLine();
31          }
32      }
33  }
```

　このプログラムは乱数を使っているので，毎回実行結果が異なります．このプログラムの計算結果である平均は，おおよそ50前後になったと思います．Nをいろいろ変えて試してみましょう．

練習問題

6.1　乱数機能を用いて，0以上100未満の実数の乱数を100個生成し，その中に33未満の数がいくつあったかを数えて出力するプログラムを作成しなさい．▶ 例6.3
　ヒント ▶ for文を使って繰り返し乱数を生成します．合計や平均を計算する必要はありません．ただ単に，生成した乱数が33未満かどうかif文で調べて，33未満だったら個数を数えればよいのです．個数を数えるプログラムは，例5.4を参考にしましょう．

6.2　乱数機能を用いて，1以上100以下の整数の乱数を10000個生成し，その中に奇数がいくつあったかを数えて出力するプログラムを作成しなさい．
　ヒント ▶ 練習問題6.1と同様に作成すればよいでしょう．

6.3　乱数機能を用いて，1以上100以下の整数の乱数を10000個生成し，その中に3の倍数がいくつあったかを数えて出力するプログラムを作成しなさい．

07 | while文
決まっていない回数の繰り返し

「この鍋にコップで10杯の水を入れてください」といわれたら，水を10回入れることがあらか
じめわかっています．しかし「この鍋がいっぱいになるまでこのコップで水を入れてください」と
いわれたら，水を何回入れるかは事前にわかりませんね．これと同じで，for文は実行する回数を
プログラムから指定しましたが，事前に繰り返し回数がわからない場合があります．このように，
あらかじめ回数を決めずに繰り返しを続ける処理を書く方法の一つがwhile文です．

7.1 | while文の書き方

while文は，条件を満たしている限り繰り返すという構文で，次のように書きます．

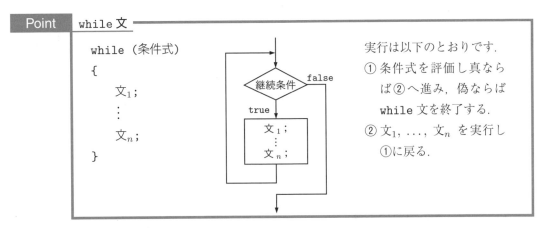

Point while文

■while文のプログラム例

早速，while文の例を見てみましょう．まずは引き算を繰り返すことで，割り算を
作ってみます．

例7.1 whileで商を求める

1以上の整数二つを変数seisu1とseisu2に読み込み，seisu1をseisu2で割っ
た商を計算するプログラムを，/ を用いずに作成しなさい．

考え方▶ seisu1から何回seisu2を引くことができるかを計算すれば，答は求めら
れます．つまり，seisu1がseisu2より大きい間，seisu1からseisu2を引くとい
う処理を繰り返します．何回繰り返せたか回数を数えておけば，それが答になります．

```
1   using System;
2
3   namespace Reidai0701
4   {
5       class Program
6       {
7           static void Main(string[] args)
8           {
9               int seisu1, seisu2, sho;
10
11              // 二つの整数を読み込む
12              Console.Write("seisu1 = ");
13              seisu1 = int.Parse(Console.ReadLine());
14              Console.Write("seisu2 = ");
15              seisu2 = int.Parse(Console.ReadLine());
16              // 商を0にしておいて
17              sho = 0;
18              // seisu1のほうが大きい間，繰り返し実行
19              while (seisu1 >= seisu2)
20              {
21                  // 引き算をして
22                  seisu1 = seisu1 - seisu2;
23                  // 引き算の回数をカウントする
24                  sho++;
25              }
26              // 引き算の回数を出力する
27              Console.WriteLine("商は{0}", sho);
28              Console.ReadLine();
29          }
30      }
31  }
```

実行結果

```
seisu1 = 11 Enter
seisu2 = 3 Enter
商は3
```

　次は実用的なプログラムのテクニックの例です．データの最後が指定されるまで足し算を続けます．

例 7.2　**不定個数の数の足し算** ◆

　入力として 1 人以上の生徒のテストの点数を読み込み，その合計点と平均点を計算して出力するプログラムを作成しなさい．ただし，テストは何人分あるかわからないため，点数を順番に読み込み，Enter だけが押されたらそれまでの合計を計算して出力するものとします．

```
1   using System;
2
3   namespace Reidai0702
4   {
5       class Program
6       {
7           static void Main(string[] args)
8           {
9               int gokei = 0;
10              int tensu;
```

```
11          string nyuryoku;    // 入力を受け取る文字列
12          double heikin;
13          int ninzu = 0;      // 人数は0人目から数えているが，表示では+1している
14
15          gokei = 0;
16          Console.Write("{0}人目のテストの点数>> ", ninzu + 1);
17          nyuryoku = Console.ReadLine();    // 1人目は先に読んでおく
18          while (nyuryoku != "")
19          {
20              tensu = int.Parse(nyuryoku);  // 文字列を整数に変換
21              gokei = gokei + tensu;        // 合計を計算
22              ninzu++;                      // 人数を+1する
23              Console.Write("{0}人目のテストの点数>> ", ninzu + 1);
24              nyuryoku = Console.ReadLine();
25          }
26          heikin = gokei * 1.0 / ninzu;
27          Console.WriteLine("{0}人 合計{1}点 平均{2}点", ninzu, gokei, heikin);
28          Console.ReadLine();
29      }
30    }
31 }
```

実行結果

```
1人目のテストの点数>> 100 Enter
2人目のテストの点数>> 95 Enter
3人目のテストの点数>> 80 Enter
4人目のテストの点数>> 90 Enter
5人目のテストの点数>> Enter
4人　合計365点 平均91.25点
```

ninzu は 0 から数えていますが，表示するときに + 1 していることに気をつけてください．

7.2 | do-while 文

C#には while 文に似たもので，do-while 文という構文も用意されています．do-while 文は以下のように書きます．

Point　do-while 文

```
do
{
    文 1;
    :
    文 n;
} while (条件式);
```

while 文とほぼ同じですが，while（条件式）が最後にあります．do-while 文では，文 1, 文 2, ... を実行してから条件式がチェックされます．つまり，条件が真にならなくても，最低 1 回は繰り返しの中身を実行します．先の例 7.2 は do-while 文を使ったほうがよいかもしれません．

do-while 文を使った例を見てみます.

例 7.3 | **ガチャが当たるまでの回数** ◆

　確率 1/10 のガチャ（電子的くじ）を考えます. 10000 人が，当たるまで何回もこのガチャを引いたとき，最悪の人は何回目に当たるか，プログラムを作って実験しなさい.

考え方▶ 乱数機能を使い，0〜9 の整数乱数を生成します. 7 が出たら当たりにしましょう. 当たるまでガチャを引く（乱数を生成する）ので，do-while 文を使い，繰り返した回数を数えます. これを 10000 人について実験してみるのです. 当たるまでの平均回数と最大回数を計算してみましょう.

```
 1  using System;
 2
 3  namespace Reidai0703
 4  {
 5      class Program
 6      {
 7          static void Main(string[] args)
 8          {
 9              const int NINZU = 10000;      // 挑戦する人数
10              const int ATARI = 7;          // 当たりの番号
11              Random rnd = new Random();    // 乱数の準備
12              int gokei = 0;                // 平均回数を計算するために
13              int saidaikaisu = 0;          // 最大回数を記憶
14
15              // NINZU人について実験
16              for (int i = 0; i < NINZU; i++)
17              {
18                  // ここから1人の挑戦開始
19                  int kaisu = 0;
20                  int gacya;
21                  do
22                  {
23                      gacya = rnd.Next(10);  // ガチャを引く
24                      kaisu++;               // 引いた回数をカウント
25                  } while (gacya != ATARI);  // 当たるまで繰り返す
26
27                  // ここまでで1人の挑戦終了. 当たるまでの回数はkaisu回だった
28                  Console.WriteLine("{0}人目　{1}回目で当たり", i, kaisu);
29
30                  gokei += kaisu;            // 平均を計算するために合計しておく
31                  if (kaisu > saidaikaisu)
32                  {
33                      saidaikaisu = kaisu;   // 最大回数を記憶しておく
34                  }
35              }
36
37              Console.WriteLine("当たるまでの平均回数{0}回", gokei * 1.0 / NINZU);
38              Console.WriteLine("当たるまでの最大回数{0}回", saidaikaisu);
39              Console.ReadLine();
40          }
41      }
42  }
```

実行結果

```
0人目  11回目で当たり
1人目  3回目で当たり
2人目  12回目で当たり
       :
       :
 (省略)
       :
       :
9997人目  26回目で当たり
9998人目  2回目で当たり
9999人目  6回目で当たり
当たるまでの平均回数10.0941回
当たるまでの最大回数86回
```

　乱数を使っているので，実行ごとに結果が変わります．何度かプログラムを実行するとわかりますが，当たるまでの平均回数は 10 回程度なのに，80 回を超えないと当たらない人もいます．NINZU をいろいろ変更して試してみましょう．

7.3 | break 文, continue 文 ◆

　while 文は，文の最初に繰り返しの条件を書きました．do-while 文は，文の終わりに繰り返しの条件を書きました．でも，もし繰り返しの途中に条件を書くことができたら，もっと便利になるのではないでしょうか．そのような目的のために，break 文が用意されています．break 文が呼ばれると，繰り返し構文はそこで終了します．

| Point | 繰り返しを途中で終わらせる |

```
break;
```

　while 文は，while(true) と書くと無限に繰り返すことを指示でき，break 文と組み合わせて使うことがあります．また，break 文は for 文の中でも使うことができます．最大で 1000 回まで繰り返すつもりでいたけど，途中で条件が満たされたので繰り返しを終わらせる場合などに便利です．

　break 文に似たものに continue 文があります．continue 文は，繰り返しの先頭に強制的にジャンプします．for 文に continue 文を使った場合は，カウンタの更新にジャンプします．break 文や continue 文は，while 文や for 文の繰り返しの中で，if 文と組み合わせて使います．

　図 7.1 から図 7.3 は，while 文を例に break 文と continue 文を比較したものです．よく見比べてみましょう．break 文は繰り返しを途中で強制終了，continue 文は繰り返しの条件判定へジャンプします．

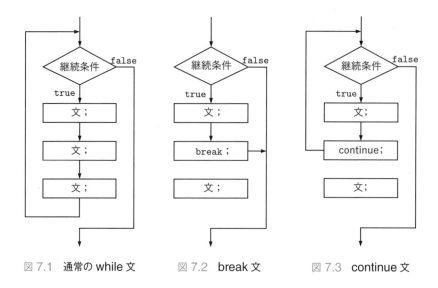

図 7.1　通常の while 文　　図 7.2　break 文　　図 7.3　continue 文

7.4 | for 文, while 文, do-while 文の比較

　最後に for 文, while 文, do-while 文の比較を見てみましょう. あらかじめ繰り返す回数が決まっているときは for 文を, 繰り返す回数が決まっていないときは while 文か do-while 文を使うと考えるのがよいでしょう. プログラムを作るときには, 三つの繰り返し構文のうちどれが最適か考えて使ってください.

	for 文	while 文	do-while 文
繰り返し回数	最初に決めておく	決めずに実行	決めずに実行
最低実行回数	—	0 回	1 回
判定の位置	繰り返しの最初	繰り返しの最初	繰り返しの最後

| Note | while 文と do-while 文 |

　while 文は，1 回も実行されずに終了する場合があります．一方，do-while 文は必ず 1 回は実行されます．この違いはあるものの，do-while 文を使って while 文を書くことも，while 文を使って do-while 文を書くこともできます．あるいは while 文を使って for 文のプログラムを書くこともできます．さらに，break 文を使えば for 文で while 文を作ることもできます．興味のある人は，練習のために，いままでに作ったプログラムを書き直してみましょう．

練習問題

以下の問題は，while 文を用いても do-while 文を用いてもよいです．

7.1　二つの 1 以上の整数 x, y を読み込んで，x % y を計算するプログラムを % や / を用いずに作成しなさい． ▶ 例 7.1
ヒント ▶ x が y より小さければ，x % y は x そのもののはずです．では，x が y より大きかったらどうなるでしょうか．x % y は (x - y) % y と同じになるのではないでしょうか．つまり，x が y より小さくなるまで，何度も x から y を引いてください．何度も引いて，x が y より小さくなったら，それが答です．何回引き算できたかは関係ありません．

7.2　1 以上の整数 x を読み込んで，x が何桁の数かを出力するプログラムを作成しなさい． ▶ 例 7.1
ヒント ▶ x を 10 で割ってみましょう．x が 10 未満なら 0 になります．10 以上なら 1 以上になります．ならば，答が 0 になるまで x を 10 で割ってみましょう．何回割れましたか？

7.3　1 以上の整数 x を読み込んで，x の各桁の和を求めるプログラムを作成しなさい．たとえば，123 が入力されたら，$1 + 2 + 3$ で 6 と答えることになります．
ヒント ▶ 練習問題 7.2 と同じようなプログラムになるでしょう．ただし，単純に 10 で割るだけではなく，10 で割った余りも使う必要があります．

7.4◆ 1 以上の整数 n を読み込み，n を素因数分解して出力するプログラムを作成しなさい．出力例は次のようにしてみましょう．

| 実行例 |

```
nを入力してください> 888888888 Enter
888888888 = 2 * 2 * 2 * 3 * 3 * 37 * 333667
```

ヒント ▶ i の初期値を 2 とし，n % i == 0 なら，i と "*" を出力するとともに，n = n / i; として，また n % i してみます．n % i の余りが 0 でないなら，i++ してからまた n % i してみます．i が n と同じ数字になるまでこれを繰り返し，最後に i を出力します．

7.5◆ 分数の分子 p と分母 q を読み込んで，p/q を約分してから表示するプログラムを作りなさい．たとえば，分子が 36，分母が 48 ならば，36/48 = 3/4 などと表示できるとよいでしょう．もし約分することで分母が 1 になったら，分母を表示しないほうがよいでしょう．ただし，p も q も 1 以上の整数とします．
ヒント ▶ ここでは力技で約分することを考えてみます．上の素因数分解と同様に，分子も分母も 2 で割れたら割ってみる，もう一度 2 で割れたら割ってみる，割れなかったら次は 3 で割ってみる，ということを繰り返します．

08 | 配 列
たくさんのデータを扱う方法

　大量のデータを計算するという仕事は，コンピュータが一番得意とするところです．では，大量のデータをどのようにコンピュータに格納すればよいでしょうか．アルファベット名の変数を用意してa, b, c, d, ... とすれば，26 個のデータを扱うことができます．しかし，この 26 個のデータを，すべて 2 倍したいときにはどうすればよいでしょうか．たとえば，

```
a = a * 2;
b = b * 2;
c = c * 2;
    ⋮
(続く)
```

と 26 個書くのはあまりにも面倒です．そもそもデータが 100 個，1000 個，10000 個と増えたら手のつけようがありません．

　このようなたくさんのデータを，一つの変数の中の「i 番目の箱」と指定する方法が配列という仕組みです（図 8.1）．「i 番目の箱」として扱えれば，for 文と組み合わせてプログラムを簡単に書くことができます．配列は，たくさんのデータを一つの変数名で扱います．「i 番目」の i を識別するために，添字とよばれる数字を [i] という形で指定します．たとえば，a という配列の 5 番目の要素を指定するには，a[5] のように書くのです．以下で詳しく見ていきましょう．

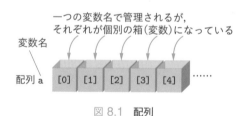

図 8.1　配列

8.1 | 配列の宣言方法

　　配列という，データをまとめる「部品」を使うためには，次のように変数宣言をします．

Point	配列の宣言方法

　　　　型名[] 変数名 = new 型名[大きさ] ;

　　角カッコ [] を使うことに注目してください．= の左辺が変数の宣言であり，右辺は

配列を新しく作成しています．右辺で新しく作った配列を左辺に代入しているのです．
具体的な宣言の例を見てみましょう．

```
int[] seisu = new int[5];
```

このように宣言すると，五つの整数を格納するための seisu という名前の配列を用
意することになります．つまり，次のように並んだ五つの変数が用意されます．

| seisu[0] | seisu[1] | seisu[2] | seisu[3] | seisu[4] |

配列の最初の要素は 0 番目です．五つの変数は 0 番目から 4 番目ということになりま
すので注意してください．角カッコの中の数字は，配列の何番目かを表す添字という数
字です．別の例を見てみましょう．

```
double[] jissu = new double[50];
```

今度は 50 個の実数を格納するための，大きさ 50 の配列が用意されます．

| jissu[0] | jissu[1] | jissu[2] | …… | jissu[48] | jissu[49] |

上記の例のように，配列を宣言をするときは，必ず数字（あるいは数字を表す式）を
指定して，大きさを確定しておかなければいけません．また，配列の要素にアクセスす
るときは，seisu[3] のように数字を直接指定してもよいし，seisu[i] のように変数
で指定してもかまいません．変数を用いて「i 番目の変数」と指定できるため，for 文
の中で便利に使えるのです．

では早速，配列のプログラムの例を見てみましょう．

例 8.1 平均点との差

5 人のテストの点数を読み込み，各人の得点の平均点との差を表示するプログラム
を作成しなさい．

```
 1  using System;
 2
 3  namespace Reidai0801
 4  {
 5      class Program
 6      {
 7          static void Main(string[] args)
 8          {
 9              const int NINZU = 5;          // 人数は定数
10              int[] tensu = new int[NINZU]; // 配列を作る
11              double heikin;                // 平均計算用
12
13              int sowa = 0;
14              // 全員の点数を読み込み，配列に記憶する
15              for (int i = 0; i < NINZU; i++)
16              {
17                  Console.Write("{0}番目の生徒の点数>> ", i);
18                  tensu[i] = int.Parse(Console.ReadLine());
```

```
19                   // 合計の計算も同時に行う
20                   sowa = sowa + tensu[i];
21               }
22               // 平均を計算
23               heikin = sowa * 1.0 / NINZU;
24               Console.WriteLine("平均点は{0}点", heikin);
25               // 各人の点数表示
26               for (int i = 0; i < NINZU; i++)
27               {
28                   Console.WriteLine("{0}番目の生徒{1}点 平均との差{2}点",
29                                     i, tensu[i], tensu[i] - heikin);
30               }
31               Console.ReadLine();
32           }
33       }
34   }
```

実行結果

```
0番目の生徒の点数>> 40 Enter
1番目の生徒の点数>> 50 Enter
2番目の生徒の点数>> 60 Enter
3番目の生徒の点数>> 70 Enter
4番目の生徒の点数>> 80 Enter
平均点は 60点
0番目の生徒40点 平均との差-20点
1番目の生徒50点 平均との差-10点
2番目の生徒60点 平均との差0点
3番目の生徒70点 平均との差10点
4番目の生徒80点 平均との差20点
```

■ 配列の初期化

　配列を作成すると同時に，配列の中に初期値を設定しておく方法があります．これを配列の初期化とよびます．配列の初期化には，配列宣言をするときに，イコールとカッコ {} を書きます．

Point	配列の初期化

方法 1　型名 []　配列名 = { 初期値 初期値 ... };

方法 2　型名 []　配列名 = new 型名 [大きさ]{ 初期値 初期値 ... };

方法 3　型名 []　配列名 = new[] { 初期値 初期値 ... };

　配列の初期化にはいくつかの方法がありますが，ここでは 1 番目の方法を使うことにしましょう．例を見てみます．

```
int[] data = { 1, 3, 5, 7, 9 };
```

これは，次のように 6 行にわたるプログラムを 1 行にまとめたことになるのです．

```
int[] data = new int[5];
data[0] = 1;
data[1] = 3;
data[2] = 5;
data[3] = 7;
data[4] = 9;
```

■ 配列の大きさ

配列の作成と初期値の設定を同時に行った場合，配列の大きさは，初期値の個数で決まります．このような配列の大きさを調べるためには，配列名に.Length をつけます．

Point	配列の大きさを得る
配列名.Length

なお，数値型（int，double）の配列の場合，配列を初期化せずに new だけすると，配列の中身はすべて 0 で初期化されます．

■ foreach 文

例 8.1 のように，for 文を使って配列の要素を一つずつ処理するのは，配列を使ったプログラムの定石です．C#にはこの処理をさらに便利に書く方法が用意されています．それが foreach 文です[†]．

foreach 文は次のような形をしています．

Point	foreach 文の形

foreach(型名 変数名 in 配列名)
{
　　文;
}

配列の要素が最初から順番に変数に代入され，foreach の中の文が実行されます．次の左のプログラムは配列の要素を一つずつ出力しますが，foreach を使うことで右のように書くことができます．

```
for (int i = 0; i < data.Length; i++)      foreach (int x in data)
{                                          {
    Console.WriteLine(data[i]);                Console.WriteLine(x);
}                                          }
```

foreach は配列の大きさがわからなくてもプログラムを書くことができます．

■ 配列のプログラム例

では配列のプログラム例を見てみましょう．

---

† foreach は配列以外のデータ型にも使うことができます．

| 例 8.2 | 最大値の計算 |

配列に格納されている整数のうち，最大値を出力するプログラムを作成しなさい.

```
1   using System;
2
3   namespace Reidai0802
4   {
5       class Program
6       {
7           static void Main(string[] args)
8           {
9               // 配列初期化
10              int[] data = { 1, 5, 9, 2, 4, 8, 3 };
11              int saidai;
12              // 最初の要素を最大値の基準にしておく
13              saidai = data[0];
14              // foreachでdata[]の中の要素を一つずつ取り出す
15              foreach (int x in data)
16              {
17                  // より大きいものがみつかった場合
18                  if (x > saidai)
19                  {
20                      // その値を記憶する
21                      saidai = x;
22                  }
23              }
24              Console.WriteLine("最大値: {0}", saidai);
25              Console.ReadLine();
26          }
27      }
28  }
```

実行結果

最大値: 9

配列は，配列の中に記憶されたデータを扱うだけでなく，記録や集計にも用いることができます. 次の例は，配列を使って実験結果の集計を行うプログラムです.

| 例 8.3 | 出現頻度 |

さいころを 600 回投げたとき，1 から 6 までの目が何回出たかを記憶して出力するプログラムを作成しなさい. ただし，さいころを投げる部分は，乱数により 1 から 6 までの数値を自動生成するものとします.

考え方▶ この問題では，1 から 6 までの頻度を記憶するだけで，600 回分の出た目をすべて配列に記憶する必要はありません. ですから，大きさ 6 の配列を作ればよいのです. ただし，プログラムが読みやすいように配列の 0 番目を使わず，1 から 6 番目を使うことにして，大きさ 7 の配列を準備します.

```
1   using System;
2
3   namespace Reidai0803
4   {
5       class Program
6       {
```

```
7          static void Main(string[] args)
8          {
9              const int N = 600;         // 回数は定数で設定しておく
10             int me;
11             int[] hindo = new int[7];  // 記憶用の配列
12             Random rnd = new Random(); // 乱数生成の準備
13
14             // 600回の実験
15             for (int i = 0; i < N; i++)
16             {
17                 me = rnd.Next(6) + 1;   // 1以上6以下の乱数を作る
18                 hindo[me]++;            // 出た目の頻度を記憶する
19             }
20
21             // 頻度を出力する
22             for (int i = 1; i <= 6; i++)
23             {
24                 Console.WriteLine("{0}は{1}回", i, hindo[i]);
25             }
26             Console.ReadLine();
27         }
28     }
29 }
```

実行結果

```
1は94回
2は103回
3は113回
4は93回
5は90回
6は107回
```

乱数を使っているので, 結果は実行する度に変わります.

　配列の中にデータを記憶するのではなく, 配列の中に固定された数値を書いておいて, これを使っていろいろな計算をすることもできます.

| 例 8.4 | 月の計算 |

　月と日を読み込み, その日は1月1日から数えて何日目かを出力するプログラムを作成しなさい. なお, 1月1日は1月1日から0日目と数えます. ただし, うるう年ではないものとして計算してください.

考え方▶計算方法はいろいろありますが, ある月が何日あるかをどこかに記憶させておかないと計算ができません. これを配列に記憶させておきましょう.

```
1  using System;
2
3  namespace Reidai0804
4  {
5      class Program
6      {
7          static void Main(string[] args)
8          {
9              // 1箇月が何日かを配列に記憶しておく
10             int[] tsuki = { -1, 31, 28, 31, 30, 31, 30, 31, 31, 30, 31, 30, 31 };
11             int m, d, t;
```

```
12
13            Console.Write("月を入力してください>> ");
14            m = int.Parse(Console.ReadLine());
15            Console.Write("日を入力してください>> ");
16            d = int.Parse(Console.ReadLine());
17            t = 0;
18
19            // その月までの日数を合計する
20            for (int i = 0; i < m; i++)
21            {
22                t = t + tsuki[i];
23            }
24            // 月の分の計算が終わったので，日を加算
25            t = t + d;
26
27            Console.WriteLine("{0}月{1}日は1月1日から{2}日目です", m, d, t);
28            Console.ReadLine();
29        }
30    }
31 }
```

実行結果

```
月を入力してください>> 5 Enter
日を入力してください>> 22 Enter
5月22日は1月1日から141日目です
```

　配列の何番目に何を記憶しておいて，それをどのように使うかは，いろいろバリエーションがありますので，工夫をしてみましょう．たとえば，3月31日は何日目か，4月30日は何日目かなどを配列に記憶しておけば，計算に for 文を使わずに済みますね．

　配列に入っている複数のデータを，小さい順（昇順）とか大きい順（降順）に並べ替えることをソートとよびます．ソートにはいろいろな方法がありますが，その一つの例を見てみましょう．

例 8.5　降順に並び替え ◆

　5個の整数値を読み込んで，大きい順（降順）にソートして出力するプログラムを作成しなさい．

```
1  using System;
2
3  namespace Reidai0805
4  {
5      class Program
6      {
7          static void Main(string[] args)
8          {
9              const int KOSU = 5;
10
11             int[] data = new int[KOSU];   // 配列
12             int hozon, tsuginoSaidai;
13
14             // データ読み込み
15             for (int i = 0; i < KOSU; i++)
```

```
16              {
17                  Console.Write("{0}>> ", i);
18                  data[i] = int.Parse(Console.ReadLine());
19              }
20
21              // 配列のi番目について
22              for (int i = 0; i < KOSU - 1; i++)
23              {
24                  tsuginoSaidai = i;
25                  // i番目を基準に，i+1番目以降の大きなデータを探す
26                  for (int j = i + 1; j < KOSU; j++)
27                  {
28                      // もし大きなデータを発見したら
29                      if (data[j] > data[tsuginoSaidai])
30                      {
31                          // 大きなデータの場所を記憶
32                          tsuginoSaidai = j;
33                      }
34                  }
35                  // i番目のデータとi+1番目以降の最大のデータを交換
36                  hozon = data[i];
37                  data[i] = data[tsuginoSaidai];
38                  data[tsuginoSaidai] = hozon;
39              }
40              // ソート結果を出力
41              for (int i = 0; i < KOSU; i++)
42              {
43                  Console.WriteLine(data[i]);
44              }
45              Console.ReadLine();
46          }
47      }
48  }
```

実行結果

```
0>> 3 [Enter]
1>> 5 [Enter]
2>> 7 [Enter]
3>> 2 [Enter]
4>> 4 [Enter]
7
5
4
3
2
```

　ちなみにソートは定番の処理なので，C#にはソートを手軽に実行する手段が用意されています（p.70 参照）．

8.2　配列の代入

　ここまでは，配列の一つひとつの要素を扱っていました．今度は配列をまるごと代入してみましょう．何が起こるでしょうか．まず配列を二つ用意して，一方に値を設定します．そして，以下のように，その配列をもう一方の配列に代入します．

```
int[] x = { 4, 5, 6 }      // 配列xを作って初期化
int[] y = new int[3];      // 配列yを作る
y = x;                     // yにxを代入
Console.WriteLine(y[1]);   // → 5が表示される
y[1] = 12345;              // y[1]に新しい数値を代入
Console.WriteLine(x[1]);   // → 12345が出力される
```

　どうですか？　数字を代入したのは y[1] のはずなのに，x[1] が変更されています．
何が起こったのでしょうか．

　実は，配列は整数や実数などの変数とは違うのです．整数や実数などでは，変数自体
が値をもつ実体になっていました．一方，配列は，変数と配列の実体が分離しているの
です．変数には，配列の実体のありかを指し示す矢印が入っています．この矢印のこと
を，C#では参照とよびます（図 8.2）．

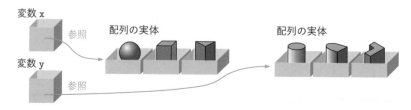

図 8.2　配列の参照

　そして，上記の例の y = x; を実行すると，y には x に入っていた参照が代入されま
す．その結果，x と y は同じ実体を指し示すことになるのです．そのため y[1] を変更
すると，x[1] も書き変わってしまうのです．実体は一つだけなのですから（図 8.3）．

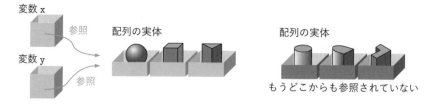

図 8.3　配列の代入は参照の代入

　このように，変数にデータの実体を指す参照が入っているものを，参照型データとよ
びます．文字列も参照型です．一方，整数や実数などは値型データとよびます．

Point	値型データと参照型データ

> **値型**　　整数，実数，文字
> **参照型**　文字列，配列，オブジェクト（第 13 章参照）

8.3 | 配列のコピー

配列の代入では参照が代入されるだけでした．配列の中身を移すためにはどうすればよいのでしょうか．基本は一つひとつコピーすることです（図 8.4）．

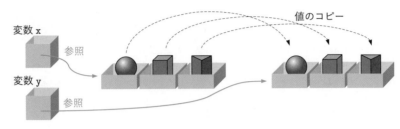

図 8.4 配列のコピー

```
int[] x = { 1,2,3 };        // 配列 x
int[] y = new int[3];       // 配列 y

for (int i = 0; i < 3; i++) // 一つひとつコピー
{
    y[i] = x[i];
}
```

こうすると，y[1] を変更しても，x[1] は変更されません[†1]．

8.4 | 多次元配列 ◆

ここまでの配列は，要素を一方向に並べるものでした．C#には要素を「表」のように 2 次元的，あるいは積み木のように 3 次元的に並べる方法も用意されています．それが多次元配列です．2 次元配列を宣言するには次のように書きます．

Point ▏ 2 次元配列の宣言

型名 [,] 変数名 = new 型名 [大きさ，大きさ]；

ようするに添字の範囲を二つ指定するだけです．例を見てみましょう．

```
int[,] seisu = new int[3, 5];
```

とすることで，次のように並んだ 15 個の変数が用意されるのです[†2]．

seisu[0,0]	seisu[0,1]	seisu[0,2]	seisu[0,3]	seisu[0,4]
seisu[1,0]	seisu[1,1]	seisu[1,2]	seisu[1,3]	seisu[1,4]
seisu[2,0]	seisu[2,1]	seisu[2,2]	seisu[2,3]	seisu[2,4]

---

†1 さて，配列を一つひとつコピーするのはやっぱり面倒です．面倒といえば…そう，面倒と思える処理を解決する手段が，C#には必ず用意されています．y = (int[]) x.Clone(); とすれば，x のコピーが作られて y に代入されます．ただし，キャストが必要です．

†2 C#では，このような綺麗な表の形の多次元配列のほか，でこぼこ型のジャグ配列を作ることも可能です．

8.5 │ 配列の便利メソッド♦

　この章では配列についての基本を学びましたが，C#には配列を便利に扱うための機能も用意されています．その一部を紹介しておきます．

メソッドなど	説明
Array.Sort(*data*)	配列 *data* を昇順にソートする．降順などを指定する方法もある．
Array.Reverse(*data*)	配列 *data* の中身を逆順に並べ替える．
(型)*data*.Clone()	配列のコピー．キャストが必要．例 data2 = (int[])data.Clone();
data.Length	配列の大きさを得る．例 int len = data.Length;

練習問題

8.1　5 個の整数を配列に読み込んで，それぞれの数値が，5 個の整数の平均より大きいか小さいか同じかを出力するプログラムを作成しなさい．▶ 例 8.1

8.2　大きさ 10 の整数の配列を作成し，for 文を使ってその配列の最初に 10 を，次に 9 を…というように，最後の 1 まで設定しなさい．その後，それらの値の平均を for 文を使って計算し，平均が 5.5 になったことを確認しなさい．このプログラムは作り方がいくつか考えられます．

8.3　5 個の整数を読み込んで，小さい順（昇順）に並べ替えて出力するプログラムを作成しなさい．ただし，Array.Sort() は使わないで作りなさい．▶ 例 8.5

8.4　5 個の整数を配列に読み込んで，そのうちの中央値を出力するプログラムを作成しなさい．ここでいう中央値とは，昇順（または降順）に並べたときに，中央に位置する値です．5 個の整数に同じ値はないものとします．▶ 例 8.5

8.5　例 8.3 について，三つのさいころを同時に振り，出た目の合計がそれぞれ何回出たかを記憶して出力するようにプログラムを変更しなさい．
　ヒント ▶ さいころ一つの場合は最小が 1 で最大が 6 でしたが，さいころ三つの合計なので，最小は 3，最大は 18 になります．

8.6　例 8.3 について，二つのさいころを同時に振り，出た目の小さいほうだけを記憶するようにプログラムを変更しなさい．二つのさいころの出た目の小さいほうは，Math.Min() というメソッドを使って，次のように計算できます．

```
int saikoro1 = 1 + rnd.Next(6);    // 一つ目のさいころ
int saikoro2 = 1 + rnd.Next(6);    // 二つ目のさいころ
me = Math.Min(saikoro1, saikoro2); // 二つのうち小さいほうの目
```

♦ 二つの場合だけではなく，三つ，四つの場合なども試してみなさい．さらにさいころの数を 10 や 20 まで増やした場合，どのようになるか試しなさい．

8.7　例 8.4 について，入力された日付から 12 月 31 日までの日数を計算して出力するように変更しなさい．

8.8　例 8.4 について，1 月 1 日からの日数を入力すると，それが何月何日かを出力するように変更

しなさい.

8.9◆ あなたが生まれてから，今日で何日目かを計算するプログラムを作成しなさい.

　　ヒント ▶ 計算のためには，たとえば 1990 年 1 月 1 日を 1 日目と数えてあなたが生まれた日は何日目か，今日は何日目かをそれぞれ計算し，引き算することで答を出すようにしなさい（うるう年のルールは練習問題 4.9 を参照).

08 配 列

09 | 文字と文字列
文章を扱う

これまでのプログラムの多くは，整数型（int）や実数型（double）などの数値を，数式で計算したり比較したりすることで，データとして扱ってきました．ここでは，文字列（string）や文字（char）をデータとして扱うための方法を学びましょう．

9.1 | 文字列の基本操作

文字列は文字が連続したものであり，参照型のデータです．以下では文字列の操作を説明します．文字列は，先頭を 0 文字目，次の文字を 1 文字目と数えます．

■ 文字列の比較
二つの文字列 str_1 と str_2 が同じ（表示される内容が同じ）かどうか調べるには，str_1 の後ろに .Equals(str_2) をつけて調べます†．

Point 文字列 str_1, str_2 の比較
str_1.Equals(str_2)

▼ 例
```
string mojiretsu1 = "uni";
string mojiretsu2 = "ebi";
if (mojiretsu1.Equals(mojiretsu2))
{
    Console.WriteLine("同じです");
}
else
{
    Console.WriteLine("違います");
}
```

■ 文字列の長さ
文字列の長さを調べるためには，配列のときと同様，文字列に .Length をつけて調べます．文字列の長さとは，文字列に含まれている文字の数です．

Point 文字列 str の長さ
str.Length

---
† C#では文字列の比較に == を使うことも可能ですが，基本は Equals() だと覚えておきましょう．

▼ 例

```
string mojiretsu = "unagi";      // 文字列
int len = mojiretsu.Length;      // lenは5になる
Console.WriteLine("長さ {0}", len);
```

■ 文字の取得

　文字列は，文字を並べたものとして扱うことができますので，文字列の中の文字を取得することができます．文字列 str から文字型データを一つずつ取得するには，配列と同様に $str[k]$ と指定することができます．

Point	文字列 str の中から文字を取得する
$str[k]$

　配列同様，k には，文字の位置を指定する数字，または式を書かなければいけません．0番目から数えるので，k に指定できるのは，文字列の長さより1小さい数までです．それを超えるとエラーが発生してしまいます．宣言したときに長さが定まる配列とは違い，文字列の長さは入力や代入のときに定まることに注意しましょう．

　では，文字列の長さを調べ，1文字ずつ取得するプログラム例を見てみましょう．

例 9.1	文字列から文字を取得する

　読み込んだ文字列を，1文字ずつ改行して縦書きのように出力するプログラムを作成しなさい．

```
 1  using System;
 2
 3  namespace Reidai0901
 4  {
 5      class Program
 6      {
 7          static void Main(string[] args)
 8          {
 9              string mojiretsu;  // 文字列
10              int nagasa;
11
12              // 文字列読み込み
13              Console.Write("文字列を入力してください>> ");
14              mojiretsu = Console.ReadLine();
15              // 長さを調べる
16              nagasa = mojiretsu.Length;
17              // 1文字ずつの繰り返し
18              for (int i = 0; i < nagasa; i++)
19              {
20                  // 1文字出力するごとに改行
21                  Console.WriteLine(mojiretsu[i]);
22              }
23              Console.ReadLine();
24          }
25      }
26  }
```

実行結果

```
文字列を入力してください>> おだんご [Enter]
お
だ
ん
ご
```

　文字列は，参照するだけならば配列同様に扱うことができるので，この例では
foreach を使うことも可能です．

　次は，文字列から文字を取得したり，文字列に文字を連結する例です．文字列への文字の連結は，第 2 章で学びましたね．

| 例 9.2 | 文字列の逆転 |

　読み込んだ文字列を逆転させて，新しい文字列を作るプログラムを作成しなさい．

考え方 ▶ 読み込んだ文字列の先頭から文字を 1 文字ずつ取得し，新しい空文字列の前方向にこれを追加していけば，文字列を逆転させることができます．

```
 1   using System;
 2
 3   namespace Reidai0902
 4   {
 5       class Program
 6       {
 7           static void Main(string[] args)
 8           {
 9               string mojiretsu1, mojiretsu2;
10               int nagasa;
11
12               Console.Write("原文を入力してください>> ");
13               mojiretsu1 = Console.ReadLine();
14               // 長さを調べる
15               nagasa = mojiretsu1.Length;
16               // mojiretsu2を空にしておく
17               mojiretsu2 = "";
18
19               // 入力された文字列の最初から最後までを
20               for (int i = 0; i < nagasa; i++)
21               {
22                   // i文字目の文字を，mojiretsu2の先頭に追加
23                   mojiretsu2 = mojiretsu1[i] + mojiretsu2;
24               }
25               Console.WriteLine(mojiretsu2);
26               Console.ReadLine();
27           }
28       }
29   }
```

実行結果

```
原文を入力してください>> たいやき [Enter]
きやいた
```

9.2 | 文字の比較

　文字どうしは，== を使って同一かどうか判定できます．変数 c に代入されている文字を調べるためには，次のように書くことができます．

```
if (c == 'A')
```

　文字どうしは，大小関係を比較することもできます．このとき，アルファベット小文字は 'a' 〜 'z' の順に，アルファベット大文字は 'A' 〜 'Z' の順に，数字は '0' 〜 '9' の順に並んでいるものとして，先のほうが小さく，後のほうが大きいものとして大小比較されます．よって，ある文字型変数 c に入っている文字が，アルファベットの大文字かどうかを判定するためには，次のようなプログラムを書けばよいことになります．

```
if((c >= 'A') && (c <= 'Z'))
```

　それでは，文字型変数を比較するプログラムの例を見てみましょう．

例 9.3 | 文字の比較

　文字列を構成する一つひとつの文字がアルファベットの小文字かどうかを判定するプログラムを作成しなさい．

```
 1  using System;
 2
 3  namespace Reidai0903
 4  {
 5      class Program
 6      {
 7          static void Main(string[] args)
 8          {
 9              string mojiretsu;
10              Console.Write("文字列を入力してください>> ");
11              mojiretsu = Console.ReadLine();
12
13              // 文字列の各文字について
14              foreach (char c in mojiretsu)
15              {
16                  // 文字の範囲を調べる
17                  if ((c >= 'a') && (c <= 'z'))
18                  {
19                      Console.WriteLine("{0}は小文字です", c);
20                  }
21                  else
22                  {
23                      Console.WriteLine("{0}は小文字ではありません", c);
24                  }
25              }
26              Console.ReadLine();
27          }
28      }
29  }
```

09 | 文字と文字列

実行結果

文字列を入力してください>> MaGuRo [Enter]
Mは小文字ではありません
aは小文字です
Gは小文字ではありません
uは小文字です
Rは小文字ではありません
oは小文字です

Note   内部表現

コンピュータは数字しか扱うことができません．文字や文字列は数字なのでしょうか？　そうです．実は，文字はコンピュータの内部では値型データの数字，文字列は参照型データの数字の列として扱われています．では，それはどのような数字でしょうか．char型変数をint型変数に代入すると，その数字を見ることができます．文字列の比較は，実はこの内部表現の数字を比較していたことになるのです．

```
int x;
char a = 'A';
x = a;
Console.WriteLine(x);    // 65が表示される．'A'は65
```

9.3　文字と文字列を扱う上での注意

文字の 'a' と変数の a は違うので注意しましょう．どこにシングルクォートがついているか気をつければ大丈夫です．文字の扱いの練習のため，次のプログラムの意味を考えてみましょう．まず，二つの変数 a, b を用意しておきます．

```
char  a, b;
```

このとき，次のプログラムはどのような結果になるでしょうか．

```
a = 'c';                         // 変数aに文字'c'を代入する
b = a;                           // 変数bに変数aの内容である'c'を代入する
Console.WriteLine("{0} {1}", 'b', b);  // 文字'b'と変数bの内容を出力する
```

わかりましたか？

さらに数字 1 と文字 '1' が違うことにも注意しましょう．1 は数字（int）であり，'1' は文字（char）型です．さらに，"10" は文字でも数字でもなく，文字列です．

9.4　高度な文字列操作 ◆

少し難しい文字列操作の方法も勉強してみましょう．以下の説明の中で，str1 と str2 は文字列の変数とします．

■ **部分文字列の取得**

文字列から一部分だけ取得するためには，`Substring()` を使います．カッコの中には，取得したい文字列の先頭の位置から，取得したい文字数を整数で指定します．

```
str1 = "abc1234def";
str2 = str1.Substring(3,2);  // 3文字目から2文字，つまり"12"
```

■ **文字列の検索**

文字列の中に，探したい文字列が含まれているかどうか調べるためには `IndexOf()` を使います．`IndexOf()` は見つかった位置を返します．探しても含まれていなかった場合は，`-1` を返します．

```
str1 = "abc1234def";
idx1 = str1.IndexOf("12");  // idx1は3になります
idx2 = str1.IndexOf("91");  // idx2は-1になります
```

■ **文字列の挿入・置換・削除** ◆

文字列に別の文字列を挿入するには `Insert()`，文字列の一部を置き換えるのには `Replace()`，文字列の一部を削除するには `Remove()` を使って次のようなプログラムを書きます．

```
str1 = "abcdef";
str2 = str1.Insert(2, "xy");       // 2文字目に"xy"を挿入する → abxycdef
str1 = "abcdef";
str3 = str1.Replace("de", "pq");   // deをpqに置き換える → abcpqf
str1 = "abcdef";
str4 = str1.Remove(4, 2);          // 4文字目から2文字を削除 → abcd
```

■ **大文字変換／小文字変換** ◆

アルファベット文字列を大文字に変換したり小文字に変換することができます．

```
str1 = "ABCdef";
str2 = str1.ToUpper();  // str2はABCDEF
str3 = str1.ToLower();  // str3はabcdef
```

最後に，文字がコンピュータの中では数字として扱われていることを利用したプログラムの例を見てみましょう．

| 例 9.4 | アルファベットの何番目か ◆ |

英文字だけからなる文字列を読み込み，そこに含まれるアルファベットが，'a' から数えて何番目なのかを出力するプログラムを作成しなさい．ただし，文字列はすべて小文字に変換して扱うものとします．

```
1  using System;
2
```

09 文字と文字列

```
 3   namespace Reidai0904
 4   {
 5       class Program
 6       {
 7           static void Main(string[] args)
 8           {
 9               string mojiretsu1, mojiretsu2;
10               int idx;
11
12               // 文字列の読み込み
13               Console.Write("文字列を入力してください>> ");
14               mojiretsu1 = Console.ReadLine();
15               // すべて小文字に変換する
16               mojiretsu2 = mojiretsu1.ToLower();
17               // 変換後の文字列のすべての文字について繰り返し
18               foreach (char c in mojiretsu2)
19               {
20                   // aから数えて何番目か調べる
21                   idx = c - 'a';
22                   Console.WriteLine("{0}はaから{1}番目", c, idx);
23               }
24               Console.ReadLine();
25           }
26       }
27   }
```

実行結果

```
文字列を入力してください>> OYaKi [Enter]
oはaから14番目
yはaから24番目
aはaから0番目
kはaから10番目
iはaから8番目
```

文字列操作のための代表的なメソッドをまとめておきます. 次の表の $str, str1, str2$ は文字列型の変数です.

メソッドなど	説明
str.Length	文字列の長さを得る. メソッドではないので () は不要.
str.IndexOf(c)	文字列の中に最初に文字 c が出現する位置. 存在しなければ -1.
str.IndexOf($str2$)	文字列の中に最初に文字列 $str2$ が出現する位置. 存在しなければ -1.
str.Insert($i, str2$)	文字列 str の位置 i に文字列 $str2$ を挿入した文字列を返す.
str.Replace($c1, c2$)	文字列の中の文字 $c1$ を $c2$ に置き換えた文字列を返す.
str.Replace($str1, str2$)	文字列 str の中の文字列 $str1$ を $str2$ に置き換えた文字列を返す.
str.Remove(i, len)	文字列 str の位置 i から長さ len を削除した文字列を返す.
str.Substring(i)	文字列 str の位置 i から最後までの部分文字列を返す.
str.Substring(i, len)	文字列 str の位置 i から長さ len の部分文字列を返す.
str.ToLower()	文字列 str の中の小文字部分を大文字に変換して, 文字列全体を返す.
str.ToUpper()	文字列 str の中の大文字部分を小文字に変換して, 文字列全体を返す.
str.Equals($str2$)	文字列 str と文字列 $str2$ が同じかどうか調べる.
String.Equals($str1, str2$)	文字列 $str1$ と文字列 $str2$ が同じかどうか調べる. str.Equals($str2$) と同じ.
str.Split(c)	文字列 str を文字 c で分割した配列を返す. CSV ファイルに使う.

練習問題

9.1　文字列 *str* と整数 *n* を読み込んで，文字列 *str* の *n* 番目の文字を出力するプログラムを作成しなさい．ただし，*n* は 0 以上文字列の長さ未満とします．▶ 例9.1

9.2　文字列 *str* と整数 *n* を読み込んで，文字列 *str* を *n* 回繰り返して連結するプログラムを作成しなさい．たとえば「ab」と 3 が入力されたら，ababab という文字列を出力するものとします．ただし，*n* は 1 以上とします．▶ 例9.2，例2.3
　　　ヒント ▶ 空の文字列を用意しておき，そこに入力された文字列を *n* 回連結すればよいのです．

9.3　「abc」という文字列を読み込んだら，abccba と出力するプログラムを作成しなさい．▶ 例9.2

9.4　文字列を読み込んで，その文字列の中に数字がいくつ含まれているか数えるプログラムを作成しなさい．▶ 例9.3

9.5　文字列を読み込んで，その文字列が 10 進数の整数として解釈可能かどうか判定するプログラムを作成しなさい．
　　　ヒント ▶ 練習問題 9.4 を参考に，文字列を構成するすべての文字が '0' 以上かつ '9' 以下であることを確認すればよいでしょう．

9.6　文字列を読み込んで，その文字列が回文になっているか調べるプログラムを作成しなさい．たとえば，「たしました」は回文ですが，「たしません」は回文ではありません．
　　　（文字の取得 ▶ 例9.1，文字の比較 ▶ 例9.3 など）

9.7◆　二つの文字列 *str*₁ と *str*₂ を読み込み，*str*₁ の中に *str*₂ が含まれているかどうかを調べるプログラムを作成しなさい．ただし，Substring や IndexOf を使わずに作成しなさい．たとえば，「おこのみやきやけました」の中に「たこやき」は含まれていません．

9.8◆　アルファベットだけからなる文字列を読み込み，各文字の出現頻度を調べて出力するプログラムを作成しなさい．ただし，文字列はすべて小文字に変換して扱うものとします．
　　　ヒント ▶ 大きさ 26 の配列 alpha[] を作り，'a' が出てきたら alpha[0]++，'b' が出てきたら alpha[1]++ をすればよいのです．例 9.4 を参考にすれば，各文字が 'a' から何番目か調べることができますから，各文字について alpha[idx]++ をすればよいですね．あとは，この alpha[i] を for 文で出力すればよいだけです．

10 | switch文
たくさんの条件がある場合の分岐

　プログラムで場合分けを書く方法として，以前に if 文を学びました．if 文は，数個の条件を書くのにはよいのですが，場合分けが多いときは else if をたくさん書かなければならず，面倒です．そんなときに便利なのが switch 文です．

10.1 | switch 文の書き方

　switch 文は，複数の条件を簡単に書くことができます．次の形が基本です．

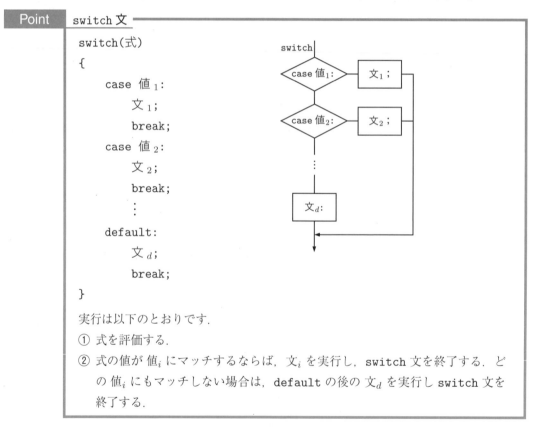

Point switch 文

```
switch(式)
{
        case 値₁:
            文₁;
            break;
        case 値₂:
            文₂;
            break;
            ⋮
        default:
            文_d;
            break;
}
```

実行は以下のとおりです．
① 式を評価する．
② 式の値が 値ᵢ にマッチするならば，文ᵢ を実行し，switch 文を終了する．どの 値ᵢ にもマッチしない場合は，default の後の 文_d を実行し switch 文を終了する．

　switch 文を書くときは，以下のことに気をつけてください．

● 評価する**式**で扱えるのは，整数，文字，文字列，真偽値です．実数は扱えません．
● **case** の**値**に書けるのは，整数，文字，文字列，真偽値の定数です．実数は扱えず，変数や式を書くこともできません．

- 各 case の文の終わりに break を忘れないでください†．default にも break が必要です．
- 各 case で実行する文は複数行書けます．
- 最後の default は省略できます．default を書かなかった場合，マッチする値がなければ何も実行せずに switch 文を終了することになります．
- switch 文で複数の case に対して同じ処理をする「or 条件」を書きたい場合，case 文を複数行書けます．後の例 10.2 を見てください．

■ switch 文のプログラム例

まずは，switch 文の基本的な例を見てみましょう．

例 10.1　鉛筆の数え方

　鉛筆を数えるときの日本語の読みを出力するプログラムを作成しなさい．ただし，本数は 6 本以下とします．

```csharp
using System;

namespace Reidai1001
{
    class Program
    {
        static void Main(string[] args)
        {
            int seisu;

            Console.Write("鉛筆の本数を入力してください>> ");
            seisu = int.Parse(Console.ReadLine());
            switch (seisu)
            {
                case 1:
                    Console.WriteLine("1本 = いっぽん");
                    break;
                case 2:
                    Console.WriteLine("2本 = にほん");
                    break;
                case 3:
                    Console.WriteLine("3本 = さんぼん");
                    break;
                case 4:
                    Console.WriteLine("4本 = よんほん");
                    break;
                case 5:
                    Console.WriteLine("5本 = ごほん");
                    break;
                case 6:
                    Console.WriteLine("6本 = ろっぽん");
                    break;
                default:
                    Console.WriteLine("指定された範囲外です");
                    break;
            }
            Console.ReadLine();
        }
```

---

† C#では，break を書かずに次の case に突入する「フォールスルー」という書き方が禁止されています．

```
39      }
40  }
```

```
鉛筆の本数を入力してください>> 5 Enter
5本 = ごほん
```

```
鉛筆の本数を入力してください>> 11 Enter
指定された範囲外です
```

次は複数の case を連続して書いて，or 条件で場合分けをする例です．

例 10.2　1 箇月の日数

　1 から 12 までのいずれかの数を変数 tsuki に読み込み，tsuki 月の日数を出力するプログラムを作成しなさい．

```
1   using System;
2
3   namespace Reidai1002
4   {
5       class Program
6       {
7           static void Main(string[] args)
8           {
9               int tsuki;
10
11              Console.Write("月を入力してください>> ");
12              tsuki = int.Parse(Console.ReadLine());
13              switch (tsuki)
14              {
15                  case 2:
16                      Console.WriteLine("{0}月の日数は28日か29日です", tsuki);
17                      break;
18                  case 4:      // このようにcaseを複数行書くことができる
19                  case 6:
20                  case 9:
21                  case 11:
22                      Console.WriteLine("{0}月の日数は30日です", tsuki);
23                      break;
24                  case 1:
25                  case 3:
26                  case 5:
27                  case 7:
28                  case 8:
29                  case 10:
30                  case 12:
31                      Console.WriteLine("{0}月の日数は31日です", tsuki);
32                      break;
33                  default:
34                      Console.WriteLine("月の入力が間違っています");
35                      break;
36              }
37              Console.ReadLine();
38          }
39      }
40  }
```

実行結果1

月を入力してください>> 2 [Enter]
2月の日数は28日か29日です

実行結果2

月を入力してください>> 8 [Enter]
8月の日数は31日です

　少し switch 文からは脱線しますが，例 10.2 のプログラムとほぼ同じ動作をするプログラムは，文字列の配列を使って，次のように書くこともできます．下のプログラムは，13 などが入力された場合の処理が省略されていますが，ほぼ同じ動作といってよいでしょう．このように，プログラムには，同じことを実現するための複数の方法があるのが普通なのです．どの方法を使うべきか迷ったら，使いやすい方法を使いましょう．

例 10.3　1 箇月の日数（配列で作った例）

```
 1  using System;
 2
 3  namespace Reidai1003
 4  {
 5      class Program
 6      {
 7          static void Main(string[] args)
 8          {
 9              int tsuki;
10              string[] nissu = {"0日","31日","28日か29日","31日","30日","31日",
11                                "30日","31日","31日","30日","31日","30日","31日"};
12
13              Console.Write("月を入力してください>> ");
14              tsuki = int.Parse(Console.ReadLine());
15              Console.WriteLine("{0}月の日数は{1}です", tsuki, nissu[tsuki]);
16              Console.ReadLine();
17          }
18      }
19  }
```

Point　switch 文の応用

　C#の switch 文には，本書で扱った以外にも，さまざまな発展的な書き方が用意されています．case に型を指定したり，when によって条件を追加したり，パターンマッチングを使ったりできるのですが，複雑になりますので，まずは基本を押さえましょう．

練習問題

　以下の練習問題は，if 文，switch 文，文字列配列のどれを使ってもかまいません．どの方法を使えばよいか考えながら取り組んでください．▶ 例 10.1, 例 10.3

10.1　1 桁の数字を読み込み，その数字を表す英単語を答えるプログラムを作成しなさい．

1桁の数字を入力してください>> 2 [Enter]
2は英語でtwoです.

10.2 文字列として英語の小文字を 1 文字読み込み，その文字を頭文字とする英単語を一つ出力する
プログラムを作成しなさい（26 文字すべてを作らなくてもよいです）.

aからdまでの英小文字を1文字入力してください>> d [Enter]
dog

10.3 曜日の名前を英語で読み込み，対応する曜日を日本語で出力するプログラムを作成しなさい.
ただし，曜日の英語名は，省略形でも受け付けるものとします．たとえば，月曜日は Monday
でも Mon でも受け付けるようにしますし，木曜日は Thursday, Thurs, Thur, Thu, Th など
を受け付けるようにします.

10.4 元素周期表は，物理／化学の基本となる，元素の性質が書かれた表です．周期表をもとに，元
素記号を読み込み，その元素の原子番号を答えるプログラムを作成しなさい．たとえば，「F」
を入力すると，「9（フッ素）」と答えるプログラムです．酸素までを作ってください.
元素記号と原子番号の対応は次のようになっています．1:H（水素），2:He（ヘリウム），3:Li
（リチウム），4:Be（ベリリウム），5:B（ホウ素），6:C（炭素），7:N（窒素），8:O（酸素）.

10.5 練習問題 10.4 のプログラムの元素について，原子番号を読み込み，元素を答えるプログラムを
作成しなさい．たとえば，「6」を入力すると「C（炭素）」と答えるプログラムです．酸素まで
を作ってください.

10.6 月の数字を読み込み，各月の別名（睦月，如月，弥生など）を出力するプログラムを作成しな
さい.

10.7◆ 生まれた月と日を読み込み，該当する星座（牡羊座，牡牛座，...）を出力するプログラムを作
成しなさい.
ヒント▶ このプログラムを作るには，if 文を使うべきか，switch 文なのか，文字列の配列な
のか，何が適当なのか考えてみましょう．あるいは，入力方法の工夫でプログラムが簡単にな
らないか，検討してみましょう.

11 | メソッド
プログラムを部品化する

　大きなプログラムを作っていると，プログラムのあちこちで同じ処理を実行させたくなることがあります．そのたびに，同じプログラムをコピー&ペーストしてもよいのですが，この「同じ処理」を一つの部品としてまとめておけたら便利ではないでしょうか．この部品を作ったり，使ったりするための機能がメソッドです[†]．いままで使ってきた `Math.Abs()` とか `Console.ReadLine()` などはすべて，C#にあらかじめ備わっていたメソッドなのです．

　この章では，自分で新しいメソッドを作る方法を学びます．ここで作るメソッドは，静的メソッドとよばれるものです．C#にはもう一種類，インスタンスメソッドというものもありますが，それは第 13 章で学びます．

11.1 | メソッドの基本構成

　　　新しいメソッドを作ることを，メソッドの宣言とよびます．メソッドの宣言は，次のように書きます．

Point	静的メソッドの宣言

```
public static 型名 メソッド名 (仮引数)
{
    処理
    return 式;
}
```

　　　具体例を見てみましょう．以下のメソッドは，二つの数の足し算をするメソッドです．

[†] メソッドは，オブジェクト指向言語でのよび方です．古いプログラミング言語では，関数とか手続きなどとよばれています．

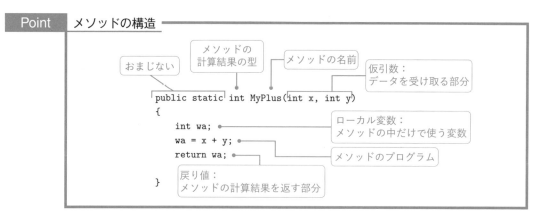

何か見覚えがありませんか？　そうです．みなさんはいままで，特に意識することな
く static void Main() を宣言して使っていたのです．以後は，Main 以外にもメソッ
ドを宣言して使います．

public static は，いまのところはおまじないだと思っておいてください．このメ
ソッドには static がつくので，これを日本語訳して「静的」とよばれます．メソッド
の計算結果の型は，int や double のほか，void が使えます．これは後で説明します．

メソッドの名前は，あなたが自由につけてかまいません．

メソッドがデータを受け取る部分は仮引数，あるいは単に引数とよばれます．仮引数
は，メソッドの中だけで使用する仮の変数で，メソッドを呼び出したプログラムから
データを受け取るのに用います．

メソッド宣言の { } の中にある変数宣言では，メソッドの中だけで使う変数を宣言
できます．このような変数をローカル変数とよびます．ローカル変数は，メソッドの外

```
class Program
{
    static void Main(string[] args)
    {
        int seisu1, seisu2, kotae;
        seisu1 = 3;
        seisu2 = 4;

        kotae = MyKakezan(seisu1, seisu2);

        Console.WriteLine(" 掛け算の結果は {0}", kotae);
        Console.ReadLine();
    }

    public static int MyKakezan(int x, int y)
    {
        int kekka;
        kekka = x * y;
        return kekka;
    }
}
```

メソッド名のみ：
同じ class 内で宣言

同じ class 内では宣言されて
いない，外のクラスのメソッド．
Console はクラス名にあたる

図 11.1　メソッド呼び出しの名前指定

では使うことができません.

　戻り値とは, メソッドの中で計算した結果であり, メソッドを呼び出したプログラムに返す値のことです. return (リターン) に続いて計算結果の式を書くと, プログラム中のメソッドを呼び出したところで, メソッドの計算結果を使うことができます.

　メソッドは, メソッド名(引数) という形で呼び出します. そう, いままでWriteLine() や ReadLine() として使ってきたものは, すべてメソッドだったのです. みなさんの書いたプログラムは, class ～ に続く { } の中に書かれていました. この { } の中に書かれる (ここで学ぶ) メソッドについては メソッド名(引数) という形で呼び出しますが, { } の外の世界のメソッドを呼び出すときは クラス名.メソッド名(引数) としなければいけません (図11.1). あるいは第13章で学ぶインスタンスメソッドを呼び出すときは インスタンス.メソッド名(引数) としなければいけません. クラスとインスタンスについては後の第13章で学びます†.

Note　**仮引数と実引数**

　　メソッドのデータを受け取る部分に書いてある変数を仮引数とよびます. 一方, メソッド呼び出し側でメソッドに与えるデータのことを実引数とよびます.

11.2　メソッド宣言の例

　単純な例から始めましょう. 二つの数の掛け算をするメソッドを作ってみましょう. メソッドは, 一つのプログラムの中にいくつ作ってもかまいません. メソッドがいく

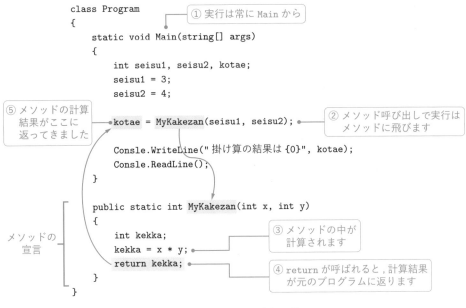

図 11.2　メソッドの実行の様子

---

†　Console.ReadLine() で使ってきた Console はクラス名でした. rnd.Next() で使った rnd はインスタンスでした. 大文字で始まる名前はクラス名, new で作ってから使う部品はインスタンスです.

つあっても，プログラムの実行は常に `static void Main()` から始まります（①：図11.2の番号に対応．以下同様）．`Main` は特別なメソッドなのです．

　メソッド呼び出しがあると，プログラムの実行はメソッドの部分へ飛びます（②）．そしてメソッドの中のプログラムが実行され（③），メソッドの計算が終わると元のところに戻ります（④）．

　メソッドの中で計算結果を `return` すると，メソッドを呼び出したところにその値が戻されます（⑤）．

　メソッド宣言の1行目の意味は次のとおりです．

```
  (1)      (2)     (3)      (4)          (5)
public  static  int  MyKakezan  (int x, int y)
```

(1)(2) いまは，これはおまじないだと思っておいてください．

(3) このメソッドが返す（return する）計算結果の型を書きます．ここでは，整数型であると宣言しています．

(4) 新たに作るメソッドの名前をここに書きます．名前は自由に決めてかまいませんが，何を計算しているのかわかりやすい名前にしましょう．

(5) このメソッドの仮引数をここに書きます．ここでは整数型の x, y を使うと宣言しています．

11.3 | メソッドの引数

　メソッドの引数の受け渡しの部分だけ，もう一度詳しく見てみましょう．

　図11.3の例のように，メソッドを呼び出す部分に書いた seisu1, seisu2 のデータが，メソッドの引数の x, y にコピーされます．先頭の seisu1 の値は先頭の引数の x

```
class Program
{
    static void Main(string[] args)
    {
        int seisu1, seisu2, kotae;
        seisu1 = 3;
        seisu2 = 4;

        kotae = MyKakezan(seisu1, seisu2);

        Consle.WriteLine(" 掛け算の結果は {0}", kotae);
        Consle.ReadLine();
    }

    public static int MyKakezan(int x, int y)
    {                                        引数
        int kekka;
        kekka = x * y;
        return kekka;
    }          戻り値
}
```

図 11.3　メソッドの引数の対応と戻り値

に，次の seisu2 は次の引数 y にコピーされます．名前ではなく，順番が重要だということを覚えておいてください．

メソッドの中で計算した結果を return の後ろに書くと，それは戻り値として呼び出し元に返されます（図 11.3）．

■ メソッドのプログラム例

最初に，メソッドを使うシンプルな例を見てみましょう．

例 11.1 掛け算を計算するメソッド

二つの整数を読み込み，その積を出力するプログラムを作成しなさい．ただし，掛け算をするメソッドを作って計算させなさい．

```
1   using System;
2
3   namespace Reidai1101
4   {
5       class Program
6       {
7           // プログラムはMain()からスタートする
8           static void Main(string[] args)
9           {
10              int seisu1, seisu2, kotae;
11              // 整数読み込み
12              Console.Write("一つ目の整数>> ");
13              seisu1 = int.Parse(Console.ReadLine());
14              Console.Write("二つ目の整数>> ");
15              seisu2 = int.Parse(Console.ReadLine());
16
17              // メソッド呼び出し
18              kotae = MyKakezan(seisu1, seisu2);
19
20              Console.WriteLine("掛け算の結果は{0}", kotae);
21              Console.ReadLine();
22          }
23
24          // 作成した掛け算メソッド
25          public static int MyKakezan(int x, int y)
26          {
27              int kekka;       // メソッドの中だけで使うローカル変数
28              kekka = x * y;   // メソッドの中の計算
29              return kekka;    // 結果を戻すところ
30          }
31      }
32  }
```

実行結果

```
一つ目の整数>> 3 [Enter]
二つ目の整数>> 5 [Enter]
掛け算の結果は15
```

もちろんメソッドの中には，いろいろな処理を書くことができます．次は，メソッドに少しだけ複雑な計算を書いてみましょう．

| 例 11.2 | 階乗を計算するメソッド |

　1 以上の整数を変数 n に読み込み，$1!$～$n!$ の値をすべて出力するプログラムを作成しなさい．ただし，階乗を計算するメソッドを作って計算させなさい．

```
1   using System;
2
3   namespace Reidai1102
4   {
5       class Program
6       {
7           // プログラムはMain()からスタートする
8           static void Main(string[] args)
9           {
10              int n, x;
11
12              // nを読み込む
13              Console.Write("n>> ");
14              n = int.Parse(Console.ReadLine());
15              // 1～nまで繰り返し
16              for (int i = 1; i <= n; i++)
17              {
18                  // メソッド呼び出し
19                  x = Kaijo(i);
20                  Console.WriteLine("{0}! = {1}", i, x);
21              }
22              Console.ReadLine();
23          }
24
25          // 階乗計算のメソッド
26          public static int Kaijo(int x)
27          {
28              int kotae;
29
30              kotae = 1;                  // 掛け算では初期化は1
31              for (int i = 1; i <= x; i++) // 1からxまで
32              {
33                  kotae = kotae * i;      // 掛け算の繰り返し
34              }
35              return kotae;               // 結果を返す
36          }
37      }
38  }
```

実行結果

```
n>> 3 Enter
 1! = 1
 2! = 2
 3! = 6
```

　次のプログラム例に進む前に，論理型について説明しておきましょう．14 ページでも一度説明しましたが，論理型 bool は，真（true）と偽（false）の二つの値だけをとることができる型です．if 文の条件式に使えるのは論理型の値だけです．== 演算子などはすべて，論理型の結果を返していたのでした．

| Point | 論理型 |

論理型（bool）は次の二つの値だけをとることができる.

| true | 真 |
| false | 偽 |

次のプログラム例の Komoji() メソッドは, この論理型（bool）の値を返します. そのため, メソッドを if 文の条件式に書くことができます.

| 例 11.3 | 文字列の中の小文字の数 |

文字列を読み込み, その文字列の中に含まれる英小文字の数を数えるプログラムを作成しなさい.

```csharp
using System;

namespace Reidai1103
{
    class Program
    {
        // プログラムはMain()からスタートする
        static void Main(string[] args)
        {
            Console.Write("文字列を入力してください>> ");
            string mojiretsu = Console.ReadLine();
            // メソッドを使って小文字の数を調べる
            int kazu = KomojinoKazu(mojiretsu);
            Console.WriteLine("{0}の中に含まれる小文字の数{1}", mojiretsu, kazu);
            Console.ReadLine();
        }

        // 文字が英小文字かどうか判定するメソッド
        public static bool Komoji(char c)
        {
            if ((c >= 'a') && (c <= 'z'))
            {
                return true;   // 小文字ならtrue
            }
            return false;       // 小文字でないならfalse
        }

        // 文字列中の小文字の数を数えるメソッド
        public static int KomojinoKazu(string str)
        {
            int kosu = 0;
            // 引数に渡された文字列について, その中の文字一つひとつ
            foreach (char c in str)
            {
                // 上のメソッドを呼び出して小文字かどうか調べる
                if (Komoji(c))
                {
                    kosu++;
                }
            }
            return kosu;
        }
    }
}
```

11 メソッド

実行結果

文字列を入力してください>> AnmanButaman123 [Enter]
AnmanButaman123の中に含まれる小文字の数10

　次の例は，メソッドと引数の関係を理解するための読解問題です．実用的な意味はあ
りませんが，まずは実行結果を予想してみてください．その後プログラムを打ち込み，
実行結果を確認しましょう．

| 例 11.4 | メソッドと引数 |

```
 1   using System;
 2
 3   namespace Reidai1104
 4   {
 5       class Program
 6       {
 7           static void Main(string[] args)
 8           {
 9               int a = 1;
10               int b = 2;
11
12               Console.WriteLine("main  a:{0}  b:{1}  ", a, b);
13               Console.WriteLine("F1({0},{1})の結果：{2}", a, b, F1(a, b));
14               Console.WriteLine("F1({0},{1})の結果：{2}", a, a, F1(a, a));
15               Console.WriteLine("F1({0},{1})の結果：{2}", b, b, F1(b, b));
16               Console.WriteLine("F2({0},{1})の結果：{2}", a, b, F2(a, b));
17               Console.WriteLine("F2({0},{1})の結果：{2}", a, a, F2(a, a));
18               Console.WriteLine("F2({0},{1})の結果：{2}", b, b, F2(b, b));
19               Console.WriteLine("F3({0},{1})の結果：{2}", a, b, F3(a, b));
20               Console.ReadLine();
21           }
22
23           public static int F1(int x, int y)
24           {
25               if (x == 1)
26               {
27                   return x + y + 3;
28               }
29               else
30               {
31                   return x * y;
32               }
33           }
34
35           public static int F2(int x, int y)
36           {
37               return F1(x, x) + F1(y, y);
38           }
39
40           public static int F3(int y, int x)
41           {
42               return F1(y, x) * F1(y, y);
43           }
44       }
45   }
```

| Note | メソッドオーバーロード |

　C#では，同じ名前なのに引数の個数や引数の型が違う複数のメソッドを作ることができます．た

とえば 33 ページで使った `Math.Abs()` は，引数が整数の場合は整数を返し，実数の場合は実数を返すメソッドでした．これは引数に整数をとる `Math.Abs()` という名前のメソッドと，引数に実数をとる `Math.Abs()` という名前のメソッドが用意されていたのです．このように同じ名前で引数の型や個数が違うメソッドを宣言することを，メソッドのオーバーロード（メソッドの多重宣言）とよびます．ちなみに C# にはメソッドオーバーライド（メソッド上書き）（109 ページ参照）という別の仕組みもあるので，混乱しないように注意しましょう．

11.4 | 値を返さないメソッド

　変数の値を整形して出力するだけのメソッドを作ったとしましょう．そのようなメソッドは，特に何かを計算するわけではないので，計算結果を返す必要がありません．このようなメソッドの型には，void（ボイド）を指定します．

> **Point** **void**
>
> 値を返さないメソッドの型には void を指定する．

　void 型のメソッドは，メソッドの中で return を書く必要はありませんが，値を指定しない return を書いてもかまいません．たとえば，x が 0 という条件により，途中でメソッドを終了させたい場合は，

```
if (x == 0)
{
    return;
}
```

と書けば，メソッドのこれ以降のプログラムを実行することなく終了することができます．これは，for 文や while 文の break と似た効果を発揮します．

11.5 | 引数についての注意

　メソッドを呼び出すときの引数は，整数や実数の場合はコピーして渡されます．次の例を見てください．メソッド `MyPlus()` の中で引数に 1 を加えていますが，メソッド呼び出し元の x の値は変わっていません．

```
static void Main(string[] args)
{
    int x = 1;          // xに1を設定する
    MyPlus1(x);         // 引数に1を加えるメソッドを呼び出す
    Console.WriteLine(x); // → 1が表示されるxの値は変わっていない
    Console.ReadLine();
}

static void MyPlus1(int x)  // void型メソッドreturn文がない
{
    x++;                // 引数のxに1を加える
}
```

ところが，配列の場合は少し様子が違います．メソッドのほうで値を変更すると，呼び出し元のほうでも値が変わります．

```
static void Main(string[] args)
{
    int[] data = { 1, 0 };          // 配列を用意する
    MyPlusA(data);                  // 配列の0番目に1を加えるメソッドを呼び出す
    Console.WriteLine(data[0]);     // → 2が表示される 値が変わっている
    Console.ReadLine();
}

static void MyPlusA(int[] x)        // 配列を受け取る
{
    x[0]++;                         // 配列の0番目に1を足す
}
```

これは，配列が参照型のデータ（68ページ参照）だからです．参照型の場合，「参照（矢印）のコピー」が渡されるため，参照されている先にあるデータの実体はコピーされません．そのためメソッド中で実体の中身を変更すると，それが呼び出し元のほうにも反映されるのです[†]．

| Note | 引数に配列を指定する |

引数に配列を指定する場合，仮引数には int[] というように，大きさを指定しない配列型を書きます．メソッド側で受け取った配列は，大きさを配列名.Length で調べることができます．

それでは配列へのデータの読み込み，配列のデータの出力を行うメソッドの例を見てみましょう．

| 例 11.5 | 配列の入出力を行うメソッド |

整数型の配列を受け取り，配列に整数を読み込むメソッド，および配列の内容を出力するメソッドを作成しなさい．

```
1   using System;
2
3   namespace Reidai1105
4   {
5       class Program
6       {
7           // プログラムはMain()からスタートする
8           static void Main(string[] args)
9           {
10              const int N = 5;
11              int[] data = new int[N];     // 配列作成
12
13              // 配列にデータを読み込むメソッド
14              InputArray(data);
15              // 配列のデータを出力するメソッド
16              PrintArray(data);
17              Console.ReadLine();
18          }
19
```

[†] 値型の int や double の場合でも，メソッドのほうで変更した値を呼び出し元に反映させる応用的な書き方が C#には用意されています．

```
28        // 出力用メソッド
29        public static void PrintArray(int[] x)
30        {
31            for (int i = 0; i < x.Length; i++)
32            {
33                Console.WriteLine("配列[{0}] = {1}", i, x[i]);
34            }
35        }
36
37        // 読み込み用メソッド
38        public static void InputArray(int[] x)
39        {
40            for (int i = 0; i < x.Length; i++)
41            {
42                Console.Write("配列[{0}]>> ", i);
43                x[i] = int.Parse(Console.ReadLine());
44            }
45        }
46    }
47 }
```

　この例で `InputArray()` は読み込んだデータを配列に書き込んでいます．値を返すわけではないので，`void` 型で，`return` がありません．

練習問題

11.1　二つの整数を読み込み，その和（足し算結果）を計算して出力するプログラムを作成しなさい．ただし，足し算は，メソッドを作成して計算しなさい． ▶ 例 11.1

11.2　二つの整数を読み込み，その和，差，積，商を計算して出力するプログラムを作成しなさい．ただし，和，差，積，商を計算するメソッドを，それぞれ作成して用いることとします．
　　　ヒント ▶ 和は練習問題 11.1，積は例 11.1 のメソッドを使ってかまいません．

11.3　引数として 1 以上の整数 n と k を受け取り，n の k 乗を計算するメソッドを作成しなさい．n の k 乗は，`for` 文を使って n を k 回掛け合わせなさい． ▶ 例 11.2，練習問題 5.1

11.4　引数として 1 以上の整数 n を受け取り，n が素数かどうか判定し，true か false を返すメソッドを作成しなさい． ▶ 例 11.3

11.5　引数として 1 以上の整数 x を受け取り，x の桁数を整数で返すメソッドを作成しなさい．
　　　▶ 練習問題 7.2

11.6　整数の配列を引数として受け取り，その配列の中の最大値を返すメソッドを作成しなさい．
　　　▶ 例 11.5，例 8.2

11.7　二つの 1 以上の整数 m と n を引数として受け取り，m と n の最大公約数を返すメソッドを作成しなさい． ▶ 練習問題 5.5 など

11.8　二つの 1 以上の整数 m と n を引数として受け取り，m と n の最小公倍数を返すメソッドを作成しなさい．

11.9　文字列を受け取り，この文字列を反転して返すメソッドを作成しなさい．
　　　ヒント ▶ 文字列を反転させる処理 ▶ 例 9.2

12 | 再帰呼び出し
アルゴリズム入門

　メソッドを使うと，ある一定のまとまりのある計算を部品として記述できます．メソッドでは，メソッド A の中から別のメソッド B を呼び出すことも可能ですから，さまざまな計算をメソッドの組み合わせで書くことができます．

　このメソッドの呼び出しには，実は制限がありません．あるメソッド A は，メソッド A の中から，自分自身であるメソッド A を呼び出すことも可能なのです．これを再帰呼び出し，あるいは単に再帰といいます．本章ではこの再帰を学びましょう．

12.1 | 再帰呼び出し

　まずは例を見てみましょう．n の階乗は次のように定義されています．

$$n! \equiv n \times (n-1) \times ... \times 2 \times 1$$

　階乗を計算するために，いままでなら for 文を使っていました．ちょっと思い出してみましょう．

```csharp
int kaijo = 1;              // 初期値は1
for (int i = 1; i <= n; i++) // 1からnまで
{
    kaijo = kaijo * i;
}
```

　次に発想を転換してみましょう．3! は 2! を使うことで，$3 \times 2!$ と書くことができます．これを続けると以下のようになります．

　　2! の部分は 1! を使って $2 \times 1!$ と書けますから，3! は $3 \times (2 \times 1!)$ です．
　　1! の部分は $1 \times 0!$ と書けますから，3! は $3 \times (2 \times (1 \times 0!))$ です．
　　0! は 1 ですから，3! は $3 \times (2 \times (1 \times 1))$ です．
　　よって 3! は $3 \times 2 \times 1 \times 1$ です．

　このような考え方を形式的に，次のように書くことができます．

$$Kaijo(n) = \begin{cases} 1 & n = 0 \text{ の場合} \\ n \times Kaijo(n-1) & \text{それ以外の場合} \end{cases}$$

　数学的帰納法に似た書き方ですね．そして，この定義を，C#ではそのままメソッドとして書くことができます．

```
public static int Kaijo(int n)
{
    if (n == 0)                    // nがゼロの場合
    {
        return 1;                  // 1を返す
    }
    else                           // それ以外の場合
    {
        return n * Kaijo(n - 1);   // nとKaijo(n - 1)を掛けて返す
    }
}
```

メソッド Kaijo() は，その中からメソッド Kaijo() 自身を呼び出しています．このように，メソッドが自分自身を呼び出すことを，再帰とよびます．

再帰を使うと，複雑なプログラムを簡単に記述することができます．たとえば，高速な並べ替えプログラムや多くの探索プログラムは，再帰を使って書かれています．このように，専門的なプログラムには再帰を使うものも多いので，ここでしっかり再帰の考え方を身につけておきましょう．

例 12.1 階乗を求めるメソッド

整数 n の階乗 ($n!$) を計算するプログラムを，再帰を用いて作成しなさい．

```
 1  using System;
 2
 3  namespace Reidai1201
 4  {
 5      class Program
 6      {
 7          // プログラムはMain()からスタートする
 8          static void Main(string[] args)
 9          {
10              int n, x;
11
12              // nの読み込み
13              Console.Write("n>> ");
14              n = int.Parse(Console.ReadLine());
15              // メソッド呼び出し
16              x = Kaijo(n);
17              Console.WriteLine("{0}!は{1}", n, x);
18              Console.ReadLine();
19          }
20
21          // 再帰で階乗計算をするメソッド
22          public static int Kaijo(int n)
23          {
24              if (n == 0)                    // nが0の場合
25              {
26                  return 1;                  // 1を返す
27              }
28              else                           // それ以外の場合
29              {
30                  return n * Kaijo(n - 1);   // 再帰呼び出し
31              }
32          }
33      }
34  }
```

■ **再帰はメソッドの先頭に戻るのか**

　再帰を習い始めたばかりの初心者には，「再帰を使うと，プログラムの実行はメソッ
ドの先頭に戻ってしまう．となると，変数はどうなるのか，実行が終わったらどうなる
のか…」と悩む姿が見られます．再帰メソッドは，呼び出しのたびにプログラムの実行
がメソッド自分自身の「先頭に戻る」と考えると混乱してしまいます．再帰は，呼び出
されるたびにメソッドの新しいコピーが作られ，このコピーされたメソッドが呼び出さ
れるので，自分自身の先頭に戻るわけではないと考えるとよいでしょう．メソッドは分
身の術を使うものだと理解してください（図 12.1）．

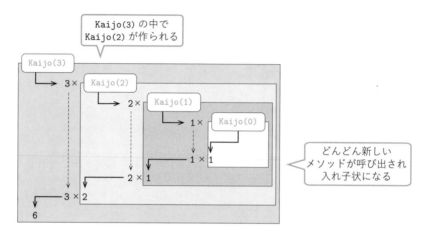

図 12.1　**再帰メソッドの概念図**

12.2 | 再帰メソッドを作る手順

　再帰メソッドのプログラムを作る場合，次の手順で考えるとよいでしょう．

1.　数学的な定義をしっかりと書く．あるいは数学的な定義を確認する．
　　ちょっと数学的帰納法を思い出してみましょう．そして，$n-1$ の問題が解けると
　　いう前提のもと，n の問題の定義を書いてみましょう．
2.　定義の中に $n=0$ や $n=1$ の場合（繰り返し呼び出しの最後）の条件が書かれ
　　ているかを確認する．
3.　定義がしっかり書けたら，メソッドのプログラムを作る．
　　(a)　再帰でメソッドが自分自身を呼び出すとき，引数は $n-1$ や $n-2$ になって
　　　　いるか確認しましょう．
　　(b)　$n=0$ とか $n=1$ の場合の条件が，正しくプログラミングされているか確認
　　　　しましょう．

　以下の具体例で手順を追ってみましょう．

例 12.2 | **組み合わせ $_nC_r$ を計算するメソッド**

n 個のものから r 個選ぶ組み合わせ（$_nC_r$ と書く）が何通りあるかを求めるプログラムを作りなさい.

考え方 ▶ n 個のものから r 個選ぶ組み合わせ $_nC_r$ は，次の計算式を用いればよいです.

$$_nC_r = \begin{cases} 1 & r = 0 \text{ または } r = n \text{ の場合} \\ n & r = 1 \text{ の場合} \\ _{n-1}C_{r-1} + {}_{n-1}C_r & \text{それ以外の場合} \end{cases}$$

このように，最初に定義をしっかりと確認します（手順 1）. この定義式からプログラムを作ると次のようになります. まず，$_nC_r$ は，プログラムではメソッド Comb(n,r) と書くことにします. メソッド Comb(n,r) の定義は，先の定義から，r が 0 の場合，1 の場合，n の場合（手順 2），およびそれ以外の場合を考えて書きます. それ以外の場合は，自分自身であるメソッド Comb() を呼び出すのです. このとき，手順 3（a）にあるように，呼び出すメソッドの r と n が適切に変更されていることを確認しましょう.

```csharp
using System;

namespace Reidai1202
{
    class Program
    {
        // プログラムはMain()からスタートする
        static void Main(string[] args)
        {
            int n, r, c;

            // 整数の読み込み
            Console.Write("n = ");
            n = int.Parse(Console.ReadLine());
            Console.Write("r = ");
            r = int.Parse(Console.ReadLine());
            // メソッド呼び出し
            c = Comb(n, r);
            Console.WriteLine("nCr: {0}", c);
            Console.ReadLine();
        }

        // 組み合わせnCrを計算するメソッド
        public static int Comb(int n, int r)
        {
            if (r == 0)        // rが0の場合
            {
                return 1;
            }
            else if (r == n)  // rがnの場合
            {
                return 1;
            }
            else if (r == 1)  // rが1の場合
            {
                return n;
```

```
37                }
38            else              // それ以外は再帰を使う
39            {
40                return Comb(n - 1, r - 1) + Comb(n - 1, r);
41            }
42        }
43    }
44 }
```

実行結果

```
n = 10 [Enter]
r = 5 [Enter]
nCr: 252
```

練習問題

12.1　1 以上の整数 n を引数として受け取り，1 から n までの総和を求めるメソッドを再帰を用いて
作成しなさい． ▶ 例 12.1

12.2　1 以上の整数 n を引数として受け取り，フィボナッチ数列の n 番目の数 $Fib(n)$ を計算するメ
ソッドを，再帰を用いて作成しなさい．ただし，フィボナッチ数列とは，次のように定義され
る数列です．

$$Fib(n) = \begin{cases} 0 & n = 0 \text{ の場合} \\ 1 & n = 1 \text{ の場合} \\ Fib(n-1) + Fib(n-2) & \text{それ以外の場合} \end{cases}$$

よって，0 番目から順に 0, 1, 1, 2, 3, 5, 8, 13, 21, 34, 55, 89, 144, 233, 377, 610, 987 となる
はずです．

12.3　1 以上の整数 m, n を受け取り，二つの数の掛け算を，再帰を使って計算するメソッドを作成
しなさい．再帰を使った掛け算 $Kakezan(m, n)$ は，次のように定義できます．

$$Kakezan(m, n) = \begin{cases} n & m = 1 \text{ の場合} \\ n + Kakezan(m-1, n) & \text{それ以外の場合} \end{cases}$$

12.4　1 以上の整数 x, n を受け取り，x の累乗 x^n を再帰を使って計算するメソッドを作成しなさい．
再帰を使った累乗 $Pw(x, n)$ は次のように定義できます．

$$Pw(x, n) = \begin{cases} 1 & n = 0 \text{ の場合} \\ x \times Pw(x, n-1) & \text{それ以外の場合} \end{cases}$$

12.5　1 以上の整数 m, n を受け取り，アッカーマン関数 $Ack(m, n)$ を計算するメソッドを作成しな
さい．アッカーマン関数とは，次のように定義される関数です．

$$Ack(m, n) = \begin{cases} n + 1 & m = 0 \text{ の場合} \\ Ack(m-1, 1) & m > 0 \text{ かつ } n = 0 \text{ の場合} \\ Ack(m-1, Ack(m, n-1)) & \text{それ以外の場合} \end{cases}$$

12.6　整数 x, y, z を受け取り，竹内関数（たらい回し関数）$Tarai(x, y, z)$ を計算するメソッドを作

成しなさい．このメソッドを用いて $Tarai(12, 6, 1)$ や $Tarai(16, 8, 2)$ を計算しなさい．竹内関数とは，次のように定義される関数です．

$$Tarai(x, y, z)$$

$$= \begin{cases} y & x \leqq y \text{ の場合} \\ Tarai(Tarai(x-1, y, z), Tarai(y-1, z, x), Tarai(z-1, x, y)) & \text{それ以外の場合} \end{cases}$$

12.7　1 以上の整数 m, n を受け取り，再帰を使って二つの数の最大公約数を求めるメソッドを作成しなさい．最大公約数 $Gcd(m, n)$ は次のように計算することができます．

$$Gcd(m, n) = \begin{cases} m & m = n \text{ の場合} \\ Gcd(m-n, n) & m > n \text{ の場合} \\ Gcd(m, n-m) & \text{それ以外の場合} \end{cases}$$

13 | オブジェクト指向
インスタンスを作る

世界で使われている実用的なプログラムでは，さまざまなデータが扱われています．

ここではパスポートを考えてみましょう．パスポートには，名前，生年月日，旅券番号（パスポート番号）などのデータが書かれています．では，これをプログラムで表現することを考えてみましょう．名前，生年月日，旅券番号（パスポート番号）をデータとして扱うことになります．これらは別々の変数に記憶させればよいのでしょうか？　いいえ，Aさんのパスポートの情報は一つにまとめて管理したいですし，それはBさんのパスポートの情報とは区別して格納しなければいけません．

このようなデータを扱う方法としてC#にはオブジェクトが用意されています．オブジェクトが扱えるプログラミング言語を一般にオブジェクト指向言語とよびますが，C#は代表的なオブジェクト指向言語の一つでもあります．

13.1 | クラスとインスタンス

パスポートを例に考えてみましょう．Aさんのパスポートには，Aさんの名前，生年月日，旅券番号が書かれています．Bさんのパスポートにも同様に，Bさんの名前，生年月日，旅券番号が書かれています．それぞれのパスポートは変数の集合体のように見えます．AさんとBさんのパスポートは，データは違いますが，「型枠」は同じです．そこで，型枠と，型枠から作られたデータの実体というものを考えてみましょう．図13.1を見てください．

この型枠に相当するものを，C#ではクラスとよびます．型枠から作られたデータの

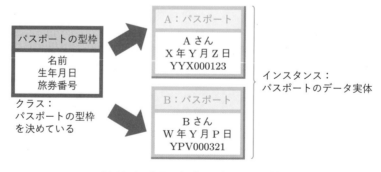

図 13.1　クラスとインスタンスの関係

実体を C#では**インスタンス**，あるいは**オブジェクト**とよびます[†1]．

　クラスの作り方ですが，実はいままでのプログラムでも，クラスを知らずに使っていました．プログラムの先頭に class と書かれていたアレです．型枠として使うためには，ここに，このクラスから作られるインスタンスがもつ変数を宣言しておきます．パスポートの例でいうと，名前や生年月日などにあたります．この変数のことを**インスタンスフィールド**，あるいは単に**フィールド**とよびます[†2]．クラスを作って，その中にインスタンスフィールドを準備するためには，以下のように，class の { } の中で，メソッドの外側に変数宣言を書きます．

Point　クラスの宣言とインスタンスフィールドの宣言

```
class クラス名

    public 型名 フィールド名;          // これはインスタンスフィールド

    public static 型名 メソッド名()    // クラスに所属する静的メソッド

        型名 変数名;                    // これはメソッドで使う変数
```

　そう，いままでの変数宣言と同じですが，それがフィールドの場合，class のカッコの直後，つまりメソッドの外側にあるのです．public の部分は，public の代わりに private なども使えますが，いまはまだ public だけを使うことにします．

　では，パスポートの例を見てみましょう．パスポートは氏名，生年月日の年，月，日，そして旅券番号（パスポート番号）をフィールドとしてもつことにします．

```
class MyPassport
{
    public string shimei;
    public int umareNen, umareTsuki, umareHi;
    public string passportNo;
}
```

　このクラスからデータの実体を作るためには，new を使います（図 13.2）．

Point　インスタンスの作成

```
クラス名 変数名 = new クラス名();
```

[†1]　いままで大雑把にオブジェクトという言葉を使いましたが，この章ではインスタンスという言葉を使います．

[†2]　オブジェクト指向の考え方ではインスタンス変数とよばれる概念ですが，C#ではこれをインスタンスフィールドとよびます．

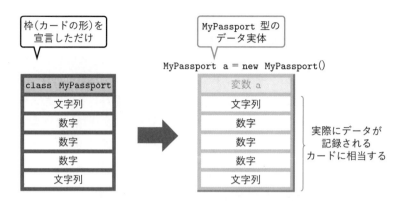

図 13.2 クラスとそのインスタンスの関係

パスポートの例で，iizuka さんのパスポート実体を作ってみましょう．MyPassport 型の変数 a の宣言とインスタンスの作成を同時に実行するためには，次のようにします．

```
MyPassport a = new MyPassport();
```

MyPassport のインスタンスを作って変数 a に代入したら，a に名前や生年月日を記憶させましょう．フィールドを設定，参照するには，**インスタンス.フィールド名**という書き方を使います．ここで先頭にあるインスタンスは，インスタンスそのものが入っている変数の名前です．

```
a.shimei = "iizuka";
a.umareNen = 2015;
a.umareTsuki = 12;
a.umareHi  = 14;
a.passportNo = "JP12345";
```

なお，C#のフィールドのうち int や double など数値型のものは，何も代入しないとゼロが初期値として設定されます．文字列は参照型なので，何も代入しないと「何もない」状態のままです．

では，ここまでのプログラムを実行してみましょう．

例 13.1 パスポートオブジェクト (1)

```
1   using System;
2
3   namespace Reidai1301
4   {
5       // MyPassportクラス
6       class MyPassport
7       {
8           public string shimei;          // これらはフィールド
9           public int umareNen, umareTsuki, umareHi;
10          public string passportNo;
11      }
12
13      class Program
14      {
```

```
15          // プログラムはMainから実行開始される
16          static void Main(string[] args)
17          {
18              MyPassport a = new MyPassport();  // インスタンス作成
19
20              a.shimei = "iizuka";                // フィールドに値を設定
21              a.umareNen = 2015;
22              a.umareTsuki = 12;
23              a.umareHi = 14;
24              a.passportNo = "JP12345";
25
26              Console.WriteLine("{0}さんのパスポートを作りました", a.shimei);
27              Console.ReadLine();
28          }
29      }
30  }
```

インスタンスを作ってフィールドに値を設定することができました．このインスタンスにはいろいろな情報が詰まっているので，これを表示させる方法として，メソッドを作りましょう．MyPassport クラスから作られたインスタンスを処理するための専用のメソッドです．このような，あるクラスのインスタンス専用のメソッドのことを，インスタンスメソッドとよびます．

インスタンスメソッドはクラス宣言の中に，static をつけずにメソッドを書きます．インスタンスメソッドは，このクラスのインスタンスを介してのみ使うことができます．

```
class MyPassport
{
    public string shimei;
    public int umareNen, umareTsuki, umareHi;
    public string passportNo;

    public void Display()  // インスタンスメソッドstaticなし
    {
        Console.WriteLine("Passport {0}, {1}年{2}月{3}日生  {4}",
            shimei, umareNen, umareTsuki, umareHi, passportNo);
    }
}
```

インスタンスメソッドは次の形で呼び出します．

Point インスタンスメソッドの呼び出し方

インスタンス.メソッド名();

先の例では a.Display(); となるわけです．第 11 章で学んだ静的メソッドとここで学んだインスタンスメソッド，2 種類のメソッドについて整理しておきましょう．

種類	インスタンスメソッド	静的メソッド
宣言	―	static が必要
呼び出し	**インスタンス.メソッド名 ()**	クラス名.メソッド名 ()

インスタンスメソッドの中からは，フィールドに値を代入したり参照したりすること

ができます．フィールドは，このインスタンスの中のすべてのメソッドからアクセスできるのです．たとえば上の例では，表示するものを引数として渡さずに，直接 shimei などのフィールドを参照していますね．しかもメソッドの処理が終了しても，インスタンスが存在する限りフィールドの値は保存されます．メソッドの中で宣言されたローカル変数とは違うのです．

　では，インスタンスメソッドを用いたプログラム全体を見てみましょう．

例 13.2　パスポートオブジェクト (2)

```
 1  using System;
 2
 3  namespace Reidai1302
 4  {
 5      // MyPassportクラス
 6      class MyPassport
 7      {
 8          public string shimei;        // フィールド
 9          public int umareNen, umareTsuki, umareHi;
10          public string passportNo;
11
12          public void Display()        // インスタンスメソッド
13          {
14              Console.WriteLine("Passport {0}, {1}年{2}月{3}日生  {4}",
15                  shimei, umareNen, umareTsuki, umareHi, passportNo);
16          }
17      }
18
19      class Program
20      {
21          // プログラムはMainから実行開始される
22          static void Main(string[] args)
23          {
24              MyPassport a = new MyPassport();   // インスタンス作成
25
26              a.shimei = "iizuka";                // フィールドに値を設定
27              a.umareNen = 2015;
28              a.umareTsuki = 12;
29              a.umareHi = 14;
30              a.passportNo = "JP12345";
31
32              Console.WriteLine("{0}さんのパスポートを作りました", a.shimei);
33              a.Display();                        // インスタンスメソッド呼び出し
34              Console.ReadLine();
35          }
36      }
37  }
```

実行結果

```
iizukaさんのパスポートを作りました
Passport iizuka, 2015年12月14日生   JP12345
```

Note　メソッドの種類

　第 11 章で学んだ静的メソッドには static（スタティック）というキーワードがついていて，クラスに直接所属するメソッドになっていました．静的メソッドはクラス名.メソッド名() という形で，クラスを通して呼び出します．インスタンスを作らなくても呼び出せるメソッドです．

　これに対し，インスタンスメソッドは，インスタンス.メソッド名() という形で呼び出すので，イン

スタンスが作られていないと呼び出すことができません．インスタンスメソッドはフィールドにアクセスできますが，静的メソッドはアクセスできません（→ p.111）．

（→ p.111）

13.2 コンストラクタ

さて，インスタンスを作ることができて，その中に複数のデータを記憶しておく方法がわかりました．しかし，インスタンスを作るたびに値を設定するのは少し面倒です．そこで C#には，コンストラクタ†とよばれる仕組みがあります．コンストラクタは特殊なメソッドで，インスタンスを作るときに自動実行されるプログラムを，メソッドとして宣言できるのです．今回のパスポートの例では，インスタンスを作ると必ず何か値を設定するのですから，インスタンスを「作る」のと「値を設定する」のを同時に実行できるようにしておきましょう．コンストラクタのメソッド名はクラス名と同じで，public とクラス名の間に何も書かないのが特徴です．コンストラクタは引数を設定できます．

Point コンストラクタ

```
public クラス名(引数)
{
    インスタンス作成時の動作を書く;
}
```

MyPassport を作るときに値を設定するコンストラクタは次のようにしてみましょう．

```
public MyPassport(string na, int nen, int tsuki, int hi, string b)
{
    shimei = na;
    umareNen = nen;
    umareTsuki = tsuki;
    umareHi = hi;
    passportNo = b;
}
```

引数があるコンストラクタを使ってインスタンスを作る場合，クラス名の後にコンストラクタの引数を渡します．

Point コンストラクタを使ったインスタンスの作成

```
クラス名 変数名 = new クラス名(コンストラクタの引数);
```

上で作った MyPassport のコンストラクタを使って MyPassport のインスタンスを作るには，new MyPassport("iizuka", 2015, 12, 14, "JP12345"); とします．では，プログラム例で見てみましょう．ずいぶんすっきりしたと思いませんか？

---

† 正確にはインスタンスコンストラクタ．

13 オブジェクト指向

例 13.3	パスポートオブジェクト (3)

```csharp
 1  using System;
 2
 3  namespace Reidai1303
 4  {
 5      // MyPassportクラス
 6      class MyPassport
 7      {
 8          public string shimei;
 9          public int umareNen, umareTsuki, umareHi;
10          public string passportNo;
11
12          // コンストラクタ
13          public MyPassport(string na, int nen, int tsuki, int hi, string b)
14          {
15              shimei = na;          // コンストラクタの中でフィールドを設定
16              umareNen = nen;
17              umareTsuki = tsuki;
18              umareHi = hi;
19              passportNo = b;
20          }
21
22          // インスタンスメソッド
23          public void Display()
24          {
25              Console.WriteLine("Passport {0}, {1}年{2}月{3}日生  {4}",
26                  shimei, umareNen, umareTsuki, umareHi, passportNo);
27          }
28      }
29
30      class Program
31      {
32          // プログラムはMainから実行開始される
33          static void Main(string[] args)
34          {
35              // コンストラクタを使ってインスタンスを生成
36              MyPassport a = new MyPassport("iizuka", 2015, 12, 14, "JP12345");
37
38              Console.WriteLine("{0}さんのパスポートを作りました", a.shimei);
39              a.Display();
40              Console.ReadLine();
41          }
42      }
43  }
```

　例 13.2 では，インスタンスを作成した後，インスタンスフィールドを個別に Main の中で設定していて，少し煩雑でした．一方，例 13.3 では，インスタンスフィールドの設定はコンストラクタに，インスタンスフィールドの参照は Display() メソッドに集約しています．このように，フィールドの参照や設定を，コンストラクタやインスタンスメソッドに限定し，なるべく抽象的な命令（メソッド）でデータを変更したほうが，大規模なプログラムを作るときに間違いが起こりにくくなります．このような考え方を，オブジェクト指向の世界ではカプセル化といいます．カプセル化を促進するために C#には，変数やメソッドが見える範囲を限定する仕組みが備わっています．いままでいろいろな場所に書いていた public がそれです．public の代わりに private を指定すると，そのクラスの中からしかアクセスできなくなります．

　public と private のほかに，protected や internal などがあります．本書は入

名前	説明
public	すべてのクラスからアクセス可能
private	宣言されたそのクラスの中からのみアクセスが可能

門ということもあり，プログラム例のフィールドやメソッドは **public** を使っています．

Note **this**

メソッドの中からインスタンスフィールドを参照するとき，特に「このインスタンスの」フィールドであることを指定する場合，「**this.**」をつけます．たとえば，コンストラクタ **MyPassport** の引数に **string shimei** という名前を使ってしまった場合，**shimei** がインスタンスフィールドなのか引数なのか，区別がつかなくなってしまいます．このようなとき，インスタンスフィールドを **this.shimei** と指定すると，間違いがなくなります．

13.3 | メソッドオーバーライド ◆

　インスタンスを表示させるために，わざわざ **Display()** メソッドを呼び出すのではなく，他の要素と同様に **WriteLine()** で表示できると便利です．試しに **MyPassport** のインスタンスを **WriteLine()** で表示させると，ちょっと思ったものと違うものが表示されます．**WriteLine()** を使っても，**Display()** を使ったときのように表示させるためにはどうすればよいのでしょうか．

　実は，すべてのインスタンスには，**ToString()** というインスタンスメソッドが用意されています[1]．私達が作った **MyPassport** にも，私達が宣言していないのに，**ToString()** が用意されていたのです．そして **Console.WriteLine()** を呼び出すと，C#はこの **ToString()** を使ってインスタンスを文字列に変換し，表示するのです．

　このデフォルトで用意された標準の **ToString()** を変更すれば，もう少し別の表示ができます．元からあるメソッドを新しい宣言で上書きすることを，メソッドオーバーライドとよびます．オーバーライドとは上書きの意味です．オーバーライドは，上書きすることが許可されているメソッドにしか適用できません．**ToString()** はオーバーライドが許可されているメソッドです．

　ToString() は文字列を返すメソッドです．**Display()** メソッドを変更して **ToString()** をオーバーライドしてみましょう．オーバーライドをする場合，メソッド宣言に **override** を指定します[2]．

```
public override string ToString()          // overrideを指定する
{
    return "Passport:" + shimei
            + "-" + umareNen + "年" + umareTsuki
            + "月" + umareHi + "日生-" + passportNo;
}
```

---

[1] 次の第14章の継承という機能を使っています．
[2] 間違って意図しない上書きをしてしまわないようにするためです．

　　このオーバーライドされた ToString() を使った MyPassport クラスのプログラム
全体を見てみましょう．今回は 2 人のパスポートを作成しました．

| 例 13.4 | パスポートオブジェクト (4) |

```
1   using System;
2
3   namespace Reidai1304
4   {
5       // MyPassportクラス
6       class MyPassport
7       {
8           public string shimei;
9           public int umareNen, umareTsuki, umareHi;
10          public string passportNo;
11
12          // コンストラクタ
13          public MyPassport(string na, int nen, int tsuki, int hi, string b)
14          {
15              shimei = na;          // コンストラクタの中でフィールドを設定
16              umareNen = nen;
17              umareTsuki = tsuki;
18              umareHi = hi;
19              passportNo = b;
20          }
21
22          // インスタンスメソッド
23          public void Display()
24          {
25              Console.Write("Passport {0}, {1}年{2}月{3}日生  {4}",
26                  shimei, umareNen, umareTsuki, umareHi, passportNo);
27          }
28
29          // オーバーライド
30          public override string ToString()
31          {
32              return "Passport:" + shimei + "-" + umareNen + "年" + umareTsuki
33                  + "月" + umareHi + "日生-" + passportNo;
34          }
35
36      }
37      class Program
38      {
39          // プログラムはMainから実行開始される
40          static void Main(string[] args)
41          {
42              // コンストラクタを使ってインスタンスを生成
43              MyPassport a = new MyPassport("iizuka", 2015, 12, 14, "JP12345");
44              MyPassport b = new MyPassport("oomori", 2015, 8, 5, "JP54321");
45
46              Console.WriteLine(a.ToString()); // 明示的にToString()を使った
47              Console.WriteLine("{0}", b);      // 暗黙的にToString()を使っている
48              Console.ReadLine();
49          }
50      }
51  }
```

実行結果

```
Passport:iizuka-2015年12月14日生-JP12345
Passport:oomori-2015年8月5日生-JP54321
```

　46 行目の Console.WriteLine() では，ToString() を明示的に呼び出しました．47 行目の Console.WriteLine() では，ToString() が書かれていませんが，文字列に埋め込まれるときに，暗黙のうちに ToString() が呼び出されています．47 行目は Console.WriteLine(b) としても同じです．

13.4 静的フィールド◆

　この章で学んだインスタンスフィールドは，インスタンスごとに固有のデータを記憶させるためのものでした．

　C#では，インスタンスではなくクラスそのものに変数をもたせることができます．インスタンスそれぞれが変数をもつのではなく，クラスが変数をもち，そのクラスのインスタンスすべてから同じ一箇所の変数が共通に参照できるというものです．このような変数を静的フィールドとよびます．静的フィールドは，static をつけて宣言します．

Point　静的フィールド（クラスがもつ変数）の宣言

```
class クラス名
{
    public static 型名 静的フィールド名;
}
```

　静的フィールドは，このクラスのインスタンスメソッドからも静的メソッドからもフィールド名だけでアクセスできます．public が指定されていたら，クラスの外からも，**クラス名.フィールド名**でアクセスできます．インスタンスフィールドと静的フィールドの関係を少し整理しておきましょう．

種類	インスタンスフィールド	静的フィールド
宣言	—	static が必要
データの場所	インスタンスごと	クラスごと
インスタンスメソッド	○	○
静的メソッド	×	○

練習問題

　以下の 6 問は，独立した問題ではなく，作ったプログラムを少しずつ発展させる形で作る問題です．見通しよくプログラミングするために，まずはすべての問題文に目を通してから，プログラム作成に取り組んでください．

13.1　分数を表すクラスを作りなさい．分数のインスタンスは，整数の分子と，整数の分母の二つのフィールドをもつものとします．▶ 例 13.1

13.2　分数を表示するためのインスタンスメソッドを作成しなさい．分子が 1，分母が 2 のとき，1/2 と表示することにしますが，分子が 0 ならば単純に 0 を，分母が 1 なら単純に分子だけを出力しなさい．また，分子か分母のどちらか一方だけがマイナスなら，マイナス記号も出力しなさい．▶ 例 13.2

13.3　この分数クラス用に，`ToString()` メソッドをオーバーライドで作成しなさい．▶ 例 13.4

13.4　分数を約分するメソッドを作成しなさい．分数を表示するとき，または `ToString()` が呼び出されたタイミングで分数が約分されるように `ToString()` などを変更しなさい．

13.5◆ 分数の足し算をするメソッドを作成しなさい．a と b が分数のインスタンスだったとき，$a.$`Add`(b) と計算するものとし，計算結果は a とも b とも違う，新しい分数インスタンスが作られるものとします．つまり，メソッドの中で計算結果をもとに新しい分数インスタンスが `new` されて `return` されるものとします．

13.6◆ 練習問題 13.5 の `Add` 同様に，分数の引き算，掛け算，割り算を計算するメソッドをそれぞれ作成しなさい．

14 | クラスの継承
より大きなプログラムを作るために

　前章では，クラスを作ってインスタンスを作る方法を学びました．このクラスですが，実は既存のクラスを使い，そこに新しい機能を追加することで，あるいは違いだけを記述することで新しいクラスを作ることができます．この機能のことを継承，あるいはインヘリタンスとよびます．ここでは継承について学びましょう．

14.1 | 継承の方法

　既存のクラス A を基にして新たにクラス B を作るとき，基になるクラス A を基底クラス，継承して作られるクラス B を派生クラスとよびます[†]．派生クラスを作るには，次のようにクラスを宣言します．

Point	クラスの継承（派生クラスの宣言方法）

```
class 派生クラス名 ： 基底クラス名
{
       ⋮
}
```

　たとえば，次のようなクラスを考えます．CounterA クラスのインスタンスは，フィールド num と，メソッド Up() をもちます．CounterA のインスタンスを作ると，num は自動的に 0 に設定されますが，Up() を呼び出すたびに num は一つずつ増加します．

```
class CounterA
{
    public int num = 0;  // フィールド

    public int Up()      // メソッド
    {
        num++;
        return num;
    }
}
```

　さて，ここで以下のようにクラス CounterB を作ります．クラス CounterB は中身がありませんが，CounterA を継承しています．

[†] オブジェクト指向の世界では，基底クラスのことを親クラスとかスーパークラス，派生クラスのことを子クラスとかサブクラスとよぶこともあります．

```
class CounterB : CounterA
{

}
```

このクラス CounterB から作られたインスタンス b は，CounterA のインスタンス a とまったく同じ機能をもちます．継承したクラスのインスタンスは，基底クラスのインスタンスと同じフィールドをもち，同じメソッドをもつのです．次のプログラムの a と b は，まったく同じように動作するということです．

```
CounterA a = new CounterA();
CounterB b = new CounterB();
Console.WriteLine("a.Up = {0}" + a.Up());
Console.WriteLine("b.Up = {0}" + b.Up());
```

さて，同じだけではおもしろくありませんね．クラス CounterB にだけ機能を追加しましょう．

```
class CounterB : CounterA
{
    public int Up10()   // +10するメソッド
    {
        num += 10;
        return num;
    }
}
```

このようにクラス CounterB を書き換えると，クラス CounterB はクラス CounterA と同じフィールド，同じメソッドに加えて，Up10() というもう一つのメソッドをもつことができます．これが CounterA と CounterB の違いになります．

ここではメソッドを追加しましたが，フィールドを追加することも可能です．継承を使うと，このように基底クラスを基にして差分だけを追加していくことで，プログラムを作ることができるのです．これは，オブジェクト指向を使ったプログラム開発の特徴の一つです．何か一つプログラムを作って動作を確認したら，この動くプログラムに手を加えることなく，新しい機能を追加したクラスを作っていくことができるのです．この方法を差分プログラミングなどとよぶこともあります．

では，CounterA と CounterB のプログラム例を見てみましょう．

例 14.1 | 継承を使ったプログラム

```
 1  using System;
 2
 3  namespace Reidai1401
 4  {
 5      // 基底クラスCounterA
 6      class CounterA
 7      {
 8          public int num = 0;   // フィールド
 9
10          // +1するメソッド
```

```
11          public int Up()
12          {
13              num++;
14              return num;
15          }
16      }
17
18      // 派生クラスCounterB
19      class CounterB : CounterA
20      {
21          // フィールドは書かれていないが，CounterAと同じものをもつ
22
23          // +10するメソッド 差分だけを書く
24          public int Up10()
25          {
26              num += 10;
27              return num;
28          }
29      }
30
31      class Program
32      {
33          // ここから実行開始
34          static void Main(string[] args)
35          {
36              CounterA a = new CounterA();              // インスタンス作成
37              CounterB b = new CounterB();
38
39              Console.WriteLine("a.Up = {0}", a.Up());  // aの動作
40              Console.WriteLine("a.Up = {0}", a.Up());
41
42              Console.WriteLine("b.Up = {0}", b.Up());  // bの動作
43              Console.WriteLine("b.Up10 = {0}", b.Up10());
44              Console.WriteLine("b.Up = {0}", b.Up());
45              Console.ReadLine();
46          }
47      }
48  }
```

実行結果

```
a.Up = 1
a.Up = 2
b.Up = 1
b.Up10 = 11
b.Up = 12
```

　継承を使ったプログラムでは，フィールドやメソッドを追加するだけではなく，オーバーライドを使ってメソッドを変更することも可能です．次の例は，鳥クラス，すずめクラス，にわとりクラスを作ります．にわとりは鳥を継承しますが，飛べません．そこで鳥クラスに宣言されている「飛べ」というメソッドを上書きして，にわとりクラス独自のメソッドを宣言しています（図14.1）．

基底クラス

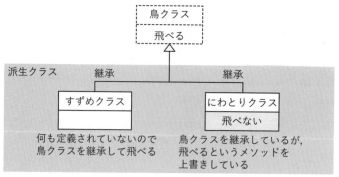

図14.1　クラスの継承関係

例14.2　継承を使ったプログラム(2)

```csharp
using System;

namespace Reidai1402
{
    // 鳥クラス
    abstract class Tori
    {
        public virtual void Tobe()   // 飛べメソッド
        {
            Console.WriteLine("パタパタ　鳥は空を飛びます");
        }
    }

    // すずめクラス　鳥クラスを継承
    class Suzume : Tori
    {
    }

    // にわとりクラス　鳥クラスを継承
    class Niwatori : Tori
    {
        public override void Tobe()
        {
            Console.WriteLine("ばさばさ　にわとりは羽ばたいても飛べません");
        }
    }

    class Program
    {
        // プログラムの実行はここから
        static void Main(string[] args)
        {
            // 配列を作り，「すずめ」と「にわとり」インスタンスで初期化する
            Tori[] toritachi = { new Suzume(), new Niwatori() };
            // 配列の要素に対して，Tobe()メソッドを呼び出す
            foreach (Tori x in toritachi)
            {
                x.Tobe();
            }
            Console.ReadLine();
        }
    }
}
```

　鳥クラスの Tobe() メソッドは，派生クラスによってオーバーライドされることを許可するために，virtual というキーワードをつけます．にわとりクラスでこれを書き換えるときは，override キーワードをつけてメソッドを宣言します．

　ここでは Tori クラスは抽象的なものであり，インスタンスを作成するべきクラスは，鳥をより具体化したすずめクラスやにわとりクラスです．鳥は概念であって，鳥そのものの実体はないはずです．そのため，間違えて鳥クラスのインスタンスを作ってしまわないように，鳥クラスには abstract（抽象という意味）のキーワードがつけてあります†．abstract がついたクラスは抽象クラスになり，インスタンスが作れなくなります．

　このプログラムでは，Main() メソッドの中で，すずめインスタンスもにわとりインスタンスも同じ toritachi という鳥クラスの配列に格納されています．すずめもにわとりも，鳥として扱うことができるということです．そして，それぞれに対し，Tobe() メソッドを呼び出していますが，その動作は異なるというわけです．

> **Note** ポリモーフィズム
>
> 　すずめクラスとにわとりクラスのように，複数のクラスに同じ名前のメソッドを用意しておいて，メソッド呼び出しは同じだけど処理はクラスごとに違うという使い方は，オブジェクト指向ではよく目にする光景です．実は ToString() もその一つです．いろいろなクラスに ToString() が用意されていて，クラスごとに特有の処理をしています．このような機構を，少し難しい言葉で「ポリモーフィズム」（多態性）とよびます．

> **Note** オブジェクト指向
>
> 　オブジェクト指向は，大規模なプログラムを（多くの人が協力して）作るときに，プログラムを作りやすくするための方法論の一つです．小さな部品を組み合わせて部品を作り，その部品を組み合わせて大きな部品を作るとき，間違いの発生を抑え，部品を作りやすくするための仕組みがクラスとインスタンス，カプセル化，継承，ポリモーフィズムなどの概念なのです．本書は入門用教科書の位置付けなので，C#のすべてのパワーを解説できませんが，C#にはまだまだいろいろな機能が備わっています．

練習問題

14.1　多角形クラスと，その派生クラスの長方形クラス，直角三角形クラスを作りなさい．ただし，頂点の一つは原点に，辺の一つは x 軸上，もう一つは y 軸上にあるものとします．

(a)　底辺と高さを引数にとるコンストラクタを作成しなさい．

(b)　面積を計算するメソッドを作りなさい．

(c)　周囲の長さを計算するメソッドを作りなさい．

(d)　これらを例 14.2 同様，多角形クラスの配列に格納して，同じように扱えることを確認しなさい．

(e)◆　n 番目の頂点の座標 (x, y) を配列で返すメソッドを作成しなさい．長方形の場合，n は 0 から 3 まで，直角三角形の場合は 0 から 2 までです．

---

†　この abstract キーワードがなくても，このプログラムは動きます．abstract は，たくさんの人が共同で大きなプログラムを作るときに役立つ，C#の仕組みの一つです．

15 | ファイル入出力
データの長期保存

　コンピュータで処理するべきデータが増えてくると，毎回入力データをキーボードから手で打ち込むのは面倒です．そのため，実用的なプログラムでは，一般的に，何度も使うデータや大量のデータはコンピュータ上にファイルとして記録しておきます．たとえば，電話帳，成績表などはファイルの形で記録しておくべきものです．ファイルにデータを記録しておくことにより，プログラムを終了させたりコンピュータの電源を切ったりしても，データが消えなくなります．

　ファイルを扱うために，ここでは，データをプログラムからファイルに出力する方法と，データをファイルから入力する方法について学びましょう．

15.1 | ファイルへの出力

　ファイルへの出力やファイルからの入力をまとめて，ファイル入出力とよびます．まずはファイル出力の方法を学びましょう．ファイル出力には，Console の代わりにStreamWriter クラスのインスタンスを使います．そのために次の一連の手順でプログラムを作成してください．この手順でファイルに出力を行うと，出力先のファイルが存在しなければ新たに作成され（新規保存），すでに出力先のファイルが存在すれば上書きされます（上書き保存）．2 種類の using（ディレクティブと文）を使いますので気をつけてください．

1. System.IO を using ディレクティブで指定します．
   次の行をプログラムの先頭に追加してください．これは，using ディレクティブ（指令）とよばれるもので，このプログラムでファイル入出力機能を使うことをC#に指示しています．IO はアイ・オーと読みます．

   ```
   using System.IO;
   ```

2. using 文の中で，StreamWriter インスタンスを作ります．
   using 文は，プログラム先頭の using ディレクティブとは別物です．ファイル出力のためには，Console の代わりに，ファイル名を指定して作った StreamWriterインスタンスを使います．ファイル入出力を行うプログラムが途中でエラーを起こすと，ファイルが壊れてしまうことがあります．壊れたファイルは読み書きができなくなったり，ときには消すことさえできなくなったりします．そこで C#には，プログラムでエラーが発生しても，ファイルが壊れないようにする仕組みが用意されています．その一つが using 文です．

```
using(StreamWriter f = new StreamWriter(ファイル名))
{
    文 ;
}
```

　using 文の中で StreamWriter インスタンスを作ると，using 文の{ }の中の処理が終わるとき，正常終了異常終了にかかわらず，StreamWriter インスタンスの終了処理を正しく実行してくれるのです.

3. Write() または WriteLine() メソッドによりデータを書き出します.
　　Console の代わりに，作成した StreamWriter インスタンスを指定して Write() や WriteLine() を呼び出すと，データがファイルに書き込まれます.

```
f.WriteLine("これはテストです. ");
```

以上をまとめておきましょう.

Point　ファイルへの出力

```
// プログラムの先頭に記述する
using System.IO;

// ファイル出力
using(StreamWriter f = new StreamWriter(ファイル名))

    f.WriteLine(書き込むデータ);
```

それではファイルへの出力プログラムの例を見てみましょう.

例 15.1　ファイルへの出力

　キーボードから文字列を読み込み，それをファイルに出力するプログラムを作成しなさい. ただし，読み込んだ文字列が空だった場合，空の文字列をファイルに出力して終了するものとします.

```
1  using System;
2  using System.IO;          // StreamWriterのために必要
3
4  namespace Reidai1501
5  {
6      class Program
7      {
8          static void Main(string[] args)
9          {
10             string fileName;                // ファイル名
11             string mojiretsu = "a";         // 何か設定しておく
12             Console.Write("ファイル名を入力してください>> ");
13             fileName = Console.ReadLine();  // ファイル名指定
```

```
14
15              // using文の中でStreamWriterインスタンスを作る
16              using (StreamWriter f = new StreamWriter(fileName))
17              {
18                  // 文字列が空ではない間繰り返し
19                  while (mojiretsu != "")
20                  {
21                      // キーボードから文字列を読み込む
22                      Console.Write("ファイルに書き込む内容>> ");
23                      mojiretsu = Console.ReadLine();
24                      // ファイルに出力
25                      f.WriteLine(mojiretsu);
26                  }
27              }
28          }
29      }
30  }
```

実行結果

```
ファイル名を入力してください>> test.txt Enter
ファイルに書き込む内容>> うに Enter
ファイルに書き込む内容>> いくら Enter
ファイルに書き込む内容>> しめさば Enter
ファイルに書き込む内容>> Enter
```

実行によって作成されたファイルの内容は次のとおりです.

```
ファイル：test.txt
うに
いくら
しめさば
eof
```

　ここで, eof はファイルの最後という意味です. ファイルを閲覧しても目で見ることはできません.

　ファイルが作られるフォルダは, C#の実行環境により異なります. プログラムが正常に動いているのにファイルが作られていないと勘違いしないよう, ファイルがどこに作られるのか, よく確認しましょう.

　Windows で実行する場合は, ファイルの名前は必ず .txt で終わるようにしましょう. .txt は自動ではつきません. Windows の場合.txt をつけておけば, 出力されたファイルはダブルクリックにより開くことができます. このときに起動するのが, Windows のメモ帳というテキストエディタです. 注意したいのは, ファイルを閲覧する場合, 内容を確認したら速やかにメモ帳を閉じることです. よく間違えるのが次のパターンです.

　　　プログラム実行→ファイルが作られる→メモ帳で作られたファイルを閲覧

　　　→プログラムを修正し再度プログラムを実行

　　　→なぜでしょう, ファイルが書き直されていません.

　ファイルは書き直されているのですが, メモ帳は一度閉じて開き直さないと新しい内

容を表示しません．そのため，よく勘違いされるのです．ファイルの内容を閲覧すると
き，メモ帳はこまめに閉じるよう心掛けましょう．

| Note | ファイルへの追加 |

C#には既存のファイルの最後に，データを追加する機能もあります．`StreamWriter` を作るときに，第 2 引数に `true` を指定するのです．`new StreamWriter(file 名, true);` すると，既存のファイルの最後にデータを追加することができます．

15.2 ファイルからの入力

ファイルからプログラムへのデータの入力方法は，`StreamReader` のインスタンスを作っておき，`Console` の代わりにその `StreamReader` インスタンスを指定して `ReadLine()` すればよいだけです．これには，ファイルへの出力と同様に，次の一連の手順に従う必要があります．

1. `System.IO` を `using` ディレクティブで指定します．
   次の行をプログラムの先頭に追加してください．

   ```
   using System.IO;
   ```

2. `using` 文の中で `StreamReader` インスタンスを作ります．
   ファイル出力同様に，`using` 文の中で，ファイル名を指定して `StreamReader` インスタンスを作ります．

   ```
   using(StreamReader f = new StreamReader(ファイル名))
   {
       文;
   }
   ```

3. `ReadLine()` によりデータを読み込みます．
   ファイルからの入力では，`Console` ではなく，`StreamReader` インスタンスを指定して `ReadLine()` します．するとファイルからデータが読み込まれます．

   ```
   data = f.ReadLine();
   ```

4. ファイルの最後を検出するために `EndOfStream` を使います．
   ファイルの中のデータをすべて読み込むためには，`while` 文を使って「ファイルの最後まで読み込む」というプログラムを作るのが一般的です．そのためには「ファイルの最後かどうか」を調べる必要があります．このファイルの最後を調べるために，`StreamReader` には `EndOfStream` が用意されています．`EndOfStream` が false なら，まだ読み込むべきデータがあるということですし，`EndOfStream` が true なら，もう読み込むべきデータがないということです．この `EndOfStream` の

否定!を使って，while 文を次のように書くことができます．

```
while(!f.EndOfStream)  // ファイルの最後では「ない」間，繰り返し
{
    data = f.ReadLine();
}
```

これをまとめると次のようになります．

Point　ファイルからの入力

```
// プログラムの先頭に記述する
using System.IO;

// ファイルからの入力
using(StreamReader f = new StreamReader(ファイル名))

    while (!f.EndOfStream)  // ファイルの最後ではない間，繰り返し

        data = f.ReadLine();
```

それでは，ファイルからの入力の例を見てみますが，以下のプログラム例では，data1.txt などのテキストファイルをあらかじめ作成しておく必要があります．

例 15.2　ファイルからの入力

以下のファイル data1.txt を読み込み，その内容を表示するプログラムを作成しなさい．data1.txt に書かれている内容は，いろいろと変更して試すことが望ましいです．

ただし，ファイル data1.txt はあらかじめ自分で作っておいてください．|eof| はファイルの最後という意味なので，入力する必要はありません．

```
ファイル：data1.txt
目玉焼き
たこ焼き
すき焼き
eof
```

```
1  using System;
2  using System.IO;          // StreamReaderのために必要
3
4  namespace Reidai1502
5  {
6      class Program
7      {
```

```
 8        static void Main(string[] args)
 9        {
10            string fileName;        // ファイル名
11            string mojiretsu;       // ファイルから読み込む文字列
12            Console.Write("ファイル名を入力してください:  ");
13            fileName = Console.ReadLine();
14
15            // using文の中でStreamReaderインスタンスを作る
16            using (StreamReader f = new StreamReader(fileName))
17            {
18                // ファイルの最後まで繰り返し
19                while (!f.EndOfStream)
20                {
21                    // ファイルから読む
22                    mojiretsu = f.ReadLine();
23                    // 画面出力
24                    Console.WriteLine(mojiretsu);
25                }
26            }
27            Console.ReadLine();
28        }
29    }
30 }
```

入力ファイル data1.txt をどのフォルダに置くべきかは，C#の実行環境により異なりますので，気をつけてください．

15.3 1行に複数のデータがある場合

ファイルの中には，1行に複数のデータが書かれていることもあります．このような場合，C#では ReadLine() で1行まるごと読み込んでから各データを切り分けるという方法が使えます．たとえば，ファイルの中に，次のように「,」で区切られた複数の数字が書かれているものとします[†]．

```
12,   24,   31,   90,   12,   ...
32,    1,   88,   54,   45,   34,   ...
```

まず ReadLine() で1行を読み込んでしまった後，文字列クラスの Split() メソッドを使って切り分け，結果を文字列の配列に格納します．

```
str = f.ReadLine();                // 1行まるごと読み込む
string[] data = str.Split(',');    // カンマで分離し，配列に格納する
```

str.Split(',') により，区切られたデータが格納された配列が新たに作成されます．1行にいくつのデータが書かれていたかは，配列の .Length で調べることができます．区切られたそれぞれのデータは文字列であることに注意してください．数字として扱うためには，区切られたデータをそれぞれ数字に変換します．次のプログラム例で使い方を確認しましょう．

---

† 「,」で区切られてデータが記述されたファイルを CSV（comma-separated values）ファイルとよびます．

| 例 15.3 | 数値の合計 |

　次のデータが入ったファイルを読み込み，各行ごとの合計を計算するプログラムを作成しなさい．ただし，1行にいくつデータが書かれているかも，何行あるかもわからないものとします．

ファイル：data2.txt

10, 20, 30, 40

50, 60, 70

[eof]

```csharp
1  using System;
2  using System.IO;          // StreamReaderのために必要
3
4  namespace Reidai1503
5  {
6      class Program
7      {
8          static void Main(string[] args)
9          {
10             string fileName, str;
11             int wa;
12
13             Console.Write("ファイル名を入力してください>> ");
14             fileName = Console.ReadLine();
15             // using文の中でStreamReaderインスタンスを作る
16             using (StreamReader f = new StreamReader(fileName))
17             {
18                 // ファイルの最後まで繰り返し
19                 while (!f.EndOfStream)
20                 {
21                     // 1行読み込み
22                     str = f.ReadLine();
23                     // カンマで区切って配列に格納する
24                     string[] data = str.Split(',');
25                     wa = 0;
26                     // 配列の要素について合計を計算する
27                     foreach (string x in data)
28                     {
29                         wa += int.Parse(x);   // 合計を計算する
30                     }
31                     // 1行（文字列）と合計（整数）を画面に出力
32                     Console.WriteLine("{0}    合計{1}", str, wa);
33                 }
34             }
35             Console.ReadLine();
36         }
37     }
38  }
```

実行結果

```
ファイル名を入力してください>> data2.txt [Enter]
10, 20, 30, 40    合計100
50, 60, 70    合計180
```

15.4　ファイル入出力同時処理

　これまでは，プログラムを介してファイルの入力だけ，またはファイルの出力だけを扱ってきましたが，プログラムとしては複数のファイルを同時に入出力することが可能です．複数の StreamReader や StreamWriter を使いますので，using 文を入れ子（ネスト）にして使います[1]．

　次の例は，駅の乗降客数データから条件に合うものだけを抜き出すプログラムです[2]．このような処理は統計データの処理や実験データの分析で頻繁に利用されるものです．

例 15.4　データの抽出

　以下に示す data3.txt というファイルに書かれているデータのうち，行頭に書いてある数字が 200 以上の行だけを抽出して，別のファイルに出力するプログラムを作成しなさい．

```
ファイル：data3.txt
516, 新宿
283, 代々木上原
121, 下北沢
167, 登戸
128, 新百合ヶ丘
289, 町田
127, 相模大野
152, 海老名
151, 本厚木
eof
```

```
1   using System;
2   using System.IO;          // StreamReaderのために必要
3
4   namespace Reidai1504
5   {
6       class Program
7       {
8           static void Main(string[] args)
9           {
10              string fileName1, fileName2;
11
12              Console.Write("入力ファイル名>> ");
13              fileName1 = Console.ReadLine();
14
15              Console.Write("出力ファイル名>> ");
16              fileName2 = Console.ReadLine();
17
18              // using文を入れ子にして使う
19              using (StreamReader fi = new StreamReader(fileName1))
20              {
21                  using (StreamWriter fo = new StreamWriter(fileName2))
22                  {
```

---

[1]　新しい C#では，入れ子にしなくてもよい書き方が使えます．

[2]　この例で用いているデータは，2019 年の小田急電鉄小田原線 1 日平均乗降人員より一部抜粋したものです．単位は千人です．http://www.odakyu.jp/company/business/railways/users/ (2020 年 11 月参照)

```
23                    // 入力ファイルの最後まで
24            while (!fi.EndOfStream)
25            {
26                // 1行読みこみ，カンマで区切って配列に格納
27                string gyou = fi.ReadLine();
28                string[] data = gyou.Split(',');
29                // 条件を満たしていたらファイルに出力
30                if (int.Parse(data[0]) > 200)
31                {
32                    fo.WriteLine(gyou);  // ファイル出力
33                }
34            }
35        }
36    }
37  }
38  }
39 }
```

プログラムはすぐに終了しますので，出力ファイルの内容を確認してください．

練習問題

15.1　掛け算九九の表を画面とファイルに出力するプログラムを作成しなさい．▶ 例 15.1，例 5.6

15.2　キーボードから五つの実数を読み込み，それら五つの数，合計，平均を画面とファイルに出力するプログラムを作成しなさい．▶ 例 15.1

15.3　1 以上 100 以下の整数の乱数を繰り返し生成し，ファイルに出力するプログラムを作成しなさい．ファイルには 1 行に 10 個の数を空白で区切って並べ，全部で 50 行出力すること．
▶ 例 15.1，例 6.2，練習問題 5.8

15.4　右の例のように，1 行に一つずつ，四つの実数が書かれたファイルを読み込み，その四つの数値，合計，平均を画面に出力するプログラムを作成しなさい．▶ 例 15.2

ファイル：data1.txt

| 5.5 |
| 8.2 |
| 6.3 |
| 1.9 |
| eof |

15.5　右の例のように，1 行に三つの整数が書かれたファイルを読み込み，各行ごとに，その三つの数値，合計，平均を別のファイルに出力するプログラムを作成しなさい．ただし，1 行に書かれている数値は三つですが，何行あるかはわからないものとします．▶ 例 15.4

ファイル：data2.txt

| 13, 21, 72 |
| 92, 8, 17 |
| 63, 0, 100 |
| eof |

15.6　右の例のように，1 行に名前と，国語，数学，英語の点数が書かれたファイルを読み込み，3 教科の合計点数が最大の人の名前と各教科の点数，合計点数を別のファイルに出力するプログラムを作成しなさい．ただし，1 行に書かれている点数は三つですが，何行あるかはわからないものとします．また，合計の最高得点をとった生徒は 1 人しかいないものとします．

ファイル：data3.txt

| ジョン万次郎, 13, 21, 72 |
| 本居宣長, 92, 8, 17 |
| 関孝和, 63, 100, 0 |
| eof |

15.7　右の例のように，複数の行にわたって英文が書かれたファイル
　　　を読み込み，そのファイル全体の英文と，その中に含まれてい
　　　る大文字の個数，小文字の個数，空白の個数を別のファイルに出
　　　力するプログラムを作成しなさい．英文テキストは，インター
　　　ネットなどから探してきてもかまいません．▶ 例15.4, 例11.3 など

ファイル：data4.txt

The quick brown fox
jumps over the lazy dog.
eof

15 ファイル入出力

付録A　課題に挑戦

　付録として少し複雑な課題を載せておきます．学んだことを使ってチャレンジしてみましょう．

A.1　三角形が成立する条件

課題　三つの整数を読み込み，それらを長さとする3辺で三角形を作れるかどうか判定するプログラムを作成しなさい．

解説　この課題は if 文まで学んでいれば作ることができます．

　たとえば，1, 2, 3 の三つでは三角形は作れませんが，2, 2, 3 ならば三角形になります．入力される三つの数は，大きさと順番は関係ないものとします．たとえば，一番大きな数が最初に入力されるとは限りません．

```
実行例 1

三つの整数を入力してください
一つ目>> 12 Enter
二つ目>> 1 Enter
三つ目>> 13 Enter
三つの数　12　1　13 では三角形は作れません
```

　三角形が作れる場合，それが正三角形，二等辺三角形，直角三角形，直角二等辺三角形などだった場合は，そのように表示するようにプログラムを変更してみましょう．

```
実行例 2

三つの整数を入力してください
一つ目>> 3 Enter
二つ目>> 5 Enter
三つ目>> 4 Enter
三つの数　3　5　4 で直角三角形ができます
```

　直角二等辺三角形の判定は，プログラムとしては作ることができるでしょう．ただし，そのような3辺の長さを入力するのは難しいかもしれません．それはなぜでしょうか？　考えてみましょう．

A.2　素数の判定

課題　1. キーボードから整数 n を読み込み，それが素数であるかどうか判定するプログラ

ムを作成しなさい.

　非常に簡単に考えるならば, n が与えられたときに, 2 から $n/2$ までの数で割って, 余りが 0 になることがあれば, n は素数ではないと判定できます.

　もう少し別の方法もありますので, 自分で調べてみましょう. この課題は if 文と繰り返し文で作ることができます.

2. 3 桁の回文素数をすべて発見し, 出力するプログラムを作成しなさい. 回文素数とは, 151 のように左から読んでも右から読んでも同じ素数になる数のことです.

3. 1 から 1000 までの間に素数はいくつあるでしょうか. 10001 から 11000 までの間に素数はいくつあるでしょうか. さらに 1000001 から 1001000 までの間に素数はいくつあるでしょうか. このように, いろいろな範囲にある素数の数を調べるプログラムを作ってみましょう.

実行例

```
1から1000までの素数の数は　　xx個
1001から2000までの素数の数は　　xx個
2001から3000までの素数の数は　　xx個
　　　　：
　　　　：
（続く）
```

A.3　じゃんけんゲーム

課題　コンピュータとじゃんけんをするプログラムを作成しなさい. あなたの手はキーボードから数字で入力し, コンピュータの手は乱数で決めるものとします.

解説　与えられた課題はこれだけです. 自分でいろいろな工夫をして, 楽しいプログラムを作ってみましょう. この課題は if 文と繰り返し文と乱数さえ学んでいれば作ることができます. 配列やメソッドまで学んだ後なら, さらに工夫ができるでしょう.

実行例

```
コンピュータとじゃんけんをしよう!
行きますよ!　　じゃんけん!
（あなたの手を数字で入力してください 0: ぐー　1: ちょき　2: ばー）
あなた>> 1 Enter
あなたは ちょき　　コンピュータは ぐー　　コンピュータの勝ち
もう1回実行しますか?（yes/no）
```

発展課題の例

1. あいこの場合は, 再度勝負するように作ってみましょう.

2. どちらかが 3 回勝つまで続ける 3 回勝負を作ってみましょう.

3. 数字の 0,1,2 以外が入力されたら, 入力をし直すようにプログラムを作りましょう.

4. 勝敗の判定にあなたは if 文をいくつ書きましたか? 組み合わせ $3 \times 3 = 9$ 回ですか? もっと少ない回数で場合分けをする方法を考えてみましょう. or を意味す

る || を使えば if 文そのものは減らせそうですね。% を使う方法はないでしょうか。もっといろいろな方法があるはずです。if 文や switch 文を 1 回も使わない方法を考えつくかもしれません。

5.　勝敗を点数表に記憶して，表示できるようにしてみましょう。
6.　グリコが遊べるようにしてみませんか。
7.　もっともっといろいろな工夫をしてみましょう。

A.4　さいころの作成

課題　乱数を使って，さいころを作りなさい。

解説　単純には 1〜6 を画面に表示するだけです。与えられた課題はこれだけなので，これも自分でいろいろな工夫をして，楽しいプログラムを作ってみましょう。この課題は，if 文と繰り返しと乱数さえ知っていれば作ることができます。メソッドを学んだ後なら，さらに簡単に楽しいプログラムが書けるでしょう。

実行例 1

```
<<コンピュータ サイコロ>>
出た目は: 6
```

もちろんこれだけではつまらないですね。ならば，結果が出るまでに，ほんの少し待たせるプログラムにしてみましょう。結果を表示させる直前に，次の文を書いてみましょう。

```
System.Threading.Thread.Sleep(1000);
```

どうでしょうか。System.Threading.Thread.Sleep() は，実行を指定されたミリ秒の間だけ中断するメソッドです。なので System.Threading.Thread.Sleep(1000) は，次の文の実行を 1000 ミリ秒，つまり 1 秒待つことになります。

まだ工夫の余地がありますね。たとえば，さいころがコロコロ転がる様子を画面に出してみませんか？

実行例 2

```
<<コンピュータ サイコロ>>
 3コロ
     4コロ
        1コロ
          6コロ ...
           2が出ました
```

途中経過も，少し時間間隔を調整しながら表示してみましょう。あれ，まだおかしいですね。さいころが転がる過程で，3 の次に 4 の目が表に出ることはないはずです。3 の次に 3 が出ることもないはずです。プログラムを調整してみましょう。

さらにさらに工夫して，目の表示を次のようにしたらどうでしょうか．

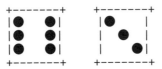

まだまだ工夫の余地がありそうですね．

A.5 コンピュータ占い

課題 乱数を使い，適当な占いを出力するプログラムを作成しなさい．

解説 ここでいう「占い」とは，乱数を使って適当なメッセージをそれらしく表示するプログラムのことです．星座の判定くらいは工夫して作ってみましょう．さらに乱数を使って，いろいろなメッセージを出力できるように工夫しましょう．

実行例

```
<<コンピューター占い>>
あなたの生まれた月を入力してください>> 5 [Enter]
あなたの生まれた日を入力してください>> 20 [Enter]
5月20日生まれ　おうし座　のあなたの今日の運勢は
総合運勢　☆☆☆☆　　今日は人に頼りにされそうです
金運　　　☆　　　　　衝動買いに注意しましょう
勉強運　　☆☆☆　　　今日はプログラミングの勘が冴えるはずです
ラッキーアイテム　　マウス
```

A.6 あなたの xxx 度チェック

課題 あなたの得意な分野を選び，その分野の専門知識を問う Q&A プログラムを作りなさい．

解説 コンピュータがなげかける質問に，0 か 1 を入力して答えていくと，最後に判定が出るようなプログラムを作ってみましょう．

実行例

```
<<あなたの埼玉県民度チェック>>
次の質問に答えてください:
  Q: 自転車があればどこまででも行けると思う（yesなら1 noなら0)>> 1 [Enter]
  Q: 人形といえば岩槻だ　（yesなら1 noなら0)>> 1 [Enter]
  Q: 今日のおやつはお煎餅だ（yesなら1 noなら0)>> 0 [Enter]
   :
  （質問はまだ続きますが，紙面の関係で省略します）

  判定が出ました.
     判定：　　　　しんちゃんレベル
     おすすめの市：　春日部市
     コメント：
     ひたすら平地が続く東武線沿線のお住まいですね.
     埼玉県民だからといって草加煎餅を食べるわけではないのは当たり前です.
      :
  （続く）
```

　質問には yes/no を 1/0 で答えるようにし，yes/no によって判定を変えたり，あるいは判定に伴うメッセージを変えたりしましょう．メッセージは，質問に答えるたびに，文字列を追加するなどしてみましょう．yes/no によって出題される質問が分岐するようにすると，いろいろおもしろいはずです．このような分岐は，メソッドを使うとよいでしょう．

　スポーツでも音楽でも趣味でも，あるいはあなたの推しでもかまいません．凝った質問をする凝ったプログラムを作ってみましょう．作ったら，それを友達にも使ってもらいましょう．

A.7　円周率を求める

課題　以下の原理を使って，円周率を計算してください．

原理　乱数により，$0 \leqq x < 1$，$0 \leqq y < 1$ となる座標 (x, y) を決めます．この座標が次の図の扇形の中に入る確率は，理論上，扇形の面積÷正方形の面積 です．つまり，

$$\frac{\text{扇形の面積}}{\text{正方形の面積}} = \frac{1 \times 1 \times \pi \times \frac{1}{4}}{1 \times 1} = \frac{\pi}{4}$$

ですね．コンピュータを使って乱数で座標 (x, y) をたくさん生成してみて，そのうち何個が扇形に入るかは，プログラムを作ればすぐに試せます．乱数で座標 (x, y) を作って，$x^2 + y^2 < 1$ を調べればよいのです．

　たとえば，座標 (x, y) を n 個作り（for 文です），そのうち m 個が $x^2 + y^2 < 1$ を満たしたとすると，円周率は $m \times 4/n$ であると推定できることになります．

　n を 1 万とか 10 万とかに設定し，円周率がどのくらい正しく推定できるか試してみましょう．

　乱数を使って円周率を計算する方法はほかにもありますので，調べて工夫してみましょう．

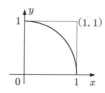

付録B　C#の重要事項メモ

ここでは C#の重要事項をメモとしてまとめておきます．このメモには，本書で扱わなかった C#の機能も載せてありますが，それでも C#の全機能ではありません．もっと深く学ぶための手掛かりにしてください．

名前の付け方

クラス名とメソッド名には大文字で始まる英数字を使う．定数はすべて大文字を使う．変数名は，小文字で始まる英数字を使う．

データ型

データ型	型の名前
整数	sbyte, byte, short, ushort, int, uint, long, ulong
実数	float, double, decimal
文字型	char
文字列型	string
論理型	bool

uint など u のつくものは符号なしを意味するが，C#ではあまり使われない．ライブラリ呼び出しで齟齬が発生しないようにするため．

リテラル

- 10 進数 整数
  数字の羅列．末尾に L をつけると long
- 2 進数
  0b から始まる数値
- 16 進数
  0x から始まる数値
- 10 進数 実数
  f か F をつけると float，d か D をつけると double，m か M をつけると decimal になる．指数を含む場合 3.14E-4 は 3.14×10^{-4} の

意味.
- 文字
  シングルクォートで囲む．
- 文字列
  ダブルクォートで囲む．

数値には任意の箇所にアンダーバー _ を書いてよい．大きな数字を指定する場合に使う．
```
x = 1_234_567;
```

数の範囲

型の名前	範囲
int	$-2,147,483,648$ から $2,147,483,647$ まで
byte	0 から 255 の符号なし整数
short	$-32,768$ から 32,767 の整数
long	int よりも有効桁数が大きな整数
float	有効桁数が小さめの浮動小数点数
double	有効桁数が大きめの浮動小数点数

演算子

基本的な算術演算子

演算子	説明
+	足し算，文字列の結合
-	引き算
*	掛け算
/	割り算
%	割り算の余り
++	インクリメント +1 と代入
--	デクリメント -1 と代入

代入演算子

演算子	説明
=	代入
+=	足し算と代入
-=	引き算と代入
*=	掛け算と代入
/=	割り算と代入
%=	割り算の余りと代入

比較演算子

演算子	説明
<	比較 小なり
>	比較 大なり
<=	比較 以下
>=	比較 以上
==	比較 等しい
!=	比較 等しくない

論理演算，ビット演算の演算子

演算子	説明
&&	論理式（条件）の AND 結合
||	論理式（条件）の OR 結合
!	論理式（条件）の否定（NOT）
&	ビットごとの AND 論理式の AND にも使える
|	ビットごとの OR 論理式の OR にも使える
^	ビットごとの XOR
~	ビット反転
<<	ビットシフト左
>>	ビットシフト右
?:	三項条件演算

代表的な演算子の優先順位（上が高い）

```
x++, x--
+x, -x, ++x, --x, ^x
*, /, %
+, -
<<, >>
<, <=, >, >=
==, !=
&
|
&&
||
=, +=, -=, *=, /=, %=
```

配列

```
配列の作成例
    型名[] 変数名 = new 型名[大きさ];
配列の作成と初期化の例
    int[] x = { 1, 5, 2 };
    int[] x = new int[]{ 1, 5, 2 };
    int[] x = new[]{ 1, 5, 2 };
2次元配列の作成例
    int[,] x = new int[3, 5];
2次元の配列の作成と初期化の例
    int[,] x = {{ 1, 2, 3 },
                { 4, 5, 6 },
                { 7, 8, 9 }};
数値型の配列は，初期値を指定しないと0で初期化される.
```

if 文

```
if (条件)
{
    処理
}
else if (条件)
{
    処理
}
else
{
    処理
}
```

switch 文

```
switch (式)
{
    case 値:
        処理
        break;
    case 値:
        処理
        break;
    default:
        処理
        break;
}
```

default の後にも break が必要.

for 文

```
for (カウンタ = 初期値; 継続条件; カウンタ更新)
{
    処理
}
```

foreach 文

```
foreach (型名 変数 in 配列)
{
    処理
}
```

foreach は配列以外にも使うことができる.

while 文

```
while (条件)
{
    処理
}
```

do-while 文

```
do
{
    処理
} while (条件);
```

最後にセミコロン ; が必要.

その他

```
break
    繰り返しを途中で止める

continue
    繰り返しの先頭に戻る

goto
    メソッド内のジャンプ
```

C#にはラベル指定の break はないが, goto を使って, ネストされたブロックから脱出できる.

using 文

ファイルの入出力など, 使用後の後処理が必要なオブジェクトの利用には, using 文を使う. C#8.0 以降では, { } を必要としない構文を使うことができる.

```
using (型名 変数 = new クラス名())
{
    処理
}
```

例外処理

try ブロックで例外を補足できる.

```
try
{
    処理
}
catch (例外クラス1 e)
{
    例外クラス1の処理
}
catch (例外クラス2 e)
{
    例外クラス2の処理
}
```

catch ブロック以外に, finally ブロックを作ることもできる. 例外を発生させるには throw を使う.

```
throw new 例外クラス名();
```

クラスの宣言

class に続けてクラス名を書く. クラス名は大文字から始める. クラスの中に変数やメソッドを書く.

```
class クラス名
{
    // 静的フィールド   staticを書く
    public static 型名 変数名;

    // インスタンスフィールド
    public 型名 変数名;

    // 静的メソッド   staticを書く
    public static 型名 メソッド名()
    {
        処理
    }

    // インスタンスメソッド
    public 型名 メソッド名()
    {
        処理
    }
}
```

インスタンスの生成

インスタンスの生成には new を使う. 引数が必要なコンストラクタを使う場合は引数を指定する.

```
クラス名 変数名 = new クラス名();
クラス名 変数名 = new クラス名(引数);
```

アクセス修飾子

名前	説明
public	すべてのクラスからアクセス可能
private	クラスの中からのみに限定
internal	同じアセンブリ（exe ファイルなど）に限定
protected	継承しているクラスに限定

クラス名のアクセス修飾子を省略すると internal に，クラスのメンバー（フィールドやメソッド）のアクセス修飾子を省略すると private になる．

継承（インヘリタンス）

クラス宣言のときに基底クラスを指定する．

```
class 派生クラス名 : 基底クラス名
{...
```

メソッドオーバーライド

メソッドオーバーライドを使うためには，基底クラスのメソッド宣言に virtual を指定して，仮想メソッドにしておく．

```
public virtual 型名 メソッド名()
{...
```

派生クラスでは override を指定する．

```
public override 型名 メソッド名()
{...
```

派生クラスのオーバーライドしたメソッドから，基底クラスのメソッドを呼び出す場合は，base を使う．

```
base.メソッド名();
```

基底クラスで virtual を指定せず，派生クラスで new を指定してメソッドを宣言すると，派生クラスのメソッドで上書きすることになる．この場合，基底クラスのメソッドは隠蔽されて見えなくなる．

```
public new 型名 メソッド名()
{...
```

abstract

abstract を指定することで，継承されることだけを目的とした抽象クラスを宣言することができる．抽象クラスはインスタンスを作ることができないが，これを継承した派生クラスはインスタンスを作成できる．

```
abstract class クラス名
{...
```

interface

抽象クラスに似たものとしてインターフェイスがある．抽象クラスでは処理内容があるメソッドを作ることができるが，インターフェイスは抽象メソッドしか作ることができない．インターフェイスのメソッドには abstract は不要．

```
interface インターフェイス名
{
    型名 抽象メソッド名();
      :
}
```

sealed

クラスに sealed を指定すると，そのクラスは継承することができなくなる．

```
sealed class クラス名
{...
```

コンストラクタ

インスタンスを作った直後に初期化を行うためには，コンストラクタを宣言しておく．コンストラクタは，クラス名と同じ名前のメソッドである．

```
public クラス名(引数)
{
    インスタンス作成時の処理
}
```

派生クラスの場合，基底クラスの引数なしコンストラクタが呼び出された後，派生クラスのコンストラクタが実行される．

基底クラスの引数があるコンストラクタを呼び出すためには，次のように書く必要がある．

```
public クラス名(引数) : base(基底クラス引数)
{...
```

インスタンスが自身を参照するためには this を使う．基底クラスのメソッドなどを参照するためには base を使う．

```
this.フィールド
this.メソッド名()
base.メソッド名()
```

静的コンストラクタ

静的フィールドの初期化などのために，静的コンストラクタを使うことができる．静的コンストラクタは1回しか実行されない．

```
class クラス名
{
    static クラス名()
    {
        静的コンストラクタの処理
    }
    その他のメソッドの宣言など...
}
```

名前空間

クラスをグループ分けするために，名前空間という機能がある．独自の名前空間を宣言するためには，プログラム全体を namespace で囲む．

```
namespace 名前
{ ...
```

C#のクラスライブラリを使うときに，完全な名前指定を省略できるよう，プログラムの冒頭に using ディレクティブを書く．

```
using System.IO;
```

その他の機能

この他にも C# には，構造体，列挙型，ラムダ式，LINQ，デリゲートなど，たくさんの便利な機能が備わっている．

索　引

著 者 略 歴

飯塚　泰樹（いいづか・やすき）
　　1991 年　東北大学大学院修了　松下電器産業㈱入社
　　2010 年　東海大学准教授
　　2016 年　東海大学教授
　　　　　　現在に至る．博士（情報理工学）

大森　康朝（おおもり・やすとも）
　　2001 年　東海大学理学部情報数理学科卒業
　　2001 年　東海大学技術支援課入職
　　　　　　現在に至る

松本　哲志（まつもと・さとし）
　　1998 年　九州大学大学院博士課程修了
　　1998 年　東海大学助手
　　2007 年　東海大学准教授
　　2021 年　東海大学教授
　　　　　　現在に至る．博士（理学）

木村　功（きむら・いさお）
　　1995 年　東海大学理学部情報数理学科卒業
　　1995 年　東海大学技術支援課入職
　　　　　　現在に至る

大西　建輔（おおにし・けんすけ）
　　1995 年　神戸大学大学院修了
　　1998 年　電気通信大学助手
　　2004 年　東海大学講師
　　2013 年　東海大学准教授
　　　　　　現在に至る．博士（理学）

編集担当　加藤義之(森北出版)
編集責任　富井　晃(森北出版)
組　版　ウルス
印　刷　日本制作センター
製　本　　　同

C#で入門　はじめてのプログラミング
　　―基礎からオブジェクト指向まで―
　　　© 飯塚泰樹・大森康朝・松本哲志・木村　功・大西建輔　2021

2021 年 9 月 10 日　第 1 版第 1 刷発行　【本書の無断転載を禁ず】

著　　者　飯塚泰樹・大森康朝・松本哲志・木村　功・大西建輔
発 行 者　森北博巳
発 行 所　森北出版株式会社
　　　　　　東京都千代田区富士見 1-4-11（〒102-0071）
　　　　　　電話 03-3265-8341 ／ FAX 03-3264-8709
　　　　　　https://www.morikita.co.jp/
　　　　　　日本書籍出版協会・自然科学書協会　会員
　　　　　　JCOPY ＜(一社)出版者著作権管理機構　委託出版物＞

落丁・乱丁本はお取替えいたします．
Printed in Japan／ISBN978-4-627-85621-9